VRHUNSKI IRSKI KUHARSKI VODNIK

Od Dublina do Donegala: Obvladovanje umetnosti irske kuhinje

Zala Horvat

Avtorski material ©2024

Vse pravice pridržane

Nobenega dela te knjige ni dovoljeno uporabljati ali prenašati v kakršni koli obliki ali na kakršen koli način brez ustreznega pisnega soglasja založnika in lastnika avtorskih pravic, razen kratkih citatov, uporabljenih v recenziji . Ta knjiga se ne sme obravnavati kot nadomestilo za zdravniški, pravni ali drug strokovni nasvet.

KAZALO

KAZALO **3**

UVOD **7**

ZAJTRK **8**

    1.   IRSKA OMLETA 9
    2.   IRSKI OVSENI KOSMIČI 11
    3.   IRSKE KROMPIRJEVE PALAČINKE 13
    4.   WICKLOW PALAČINKA 15
    5.   TRADICIONALNI IRSKI ZAJTRK 17
    6.   IRSKI KOLAČKI ZA ZAJTRK 19
    7.   IRSKA KLOBASA ZA ZAJTRK 21
    8.   IRSKI KROMPIRJEV BOXTY 23
    9.   IRSKA VRAŽJA JAJCA 25
   10.   SENDVIČI Z JAJČNO SOLATO NA IRSKI NAČIN 27

PREDJEDI IN PRIGRIZKI **29**

   11.   KRVAVICE 30
   12.   IRISH CHEESE DIP 32
   13.   IRSKI KAVNI MAFINI 34
   14.   IRSKI NACHOS Z VRHOM REUBEN 36
   15.   GUINNESSOVI DRSNIKI IZ SOLJENE GOVEDINE 39
   16.   GUINNESS GLAZIRANE MESNE KROGLICE 42
   17.   IRSKE PASTE 44
   18.   IRSKE KLOBASE 47

KIFE IN KRUH **50**

   19.   SLANE SIRNE POGAČE 51
   20.   IRSKI SODA KRUH 53
   21.   IRSKI PŠENIČNI KRUH 55
   22.   IRISH ALI DUBLIN CODDLE 57
   23.   IRSKI KRUH S KISLO SMETANO 59
   24.   IRSKA KMEČKA ŠTRUCA 61
   25.   IRSKI OVSENI KRUH 63
   26.   IRSKI JOGURTOV KRUH 66
   27.   IRSKI POLNOZRNAT SODA KRUH 68

28. IRSKI PIVSKI KRUH 70
29. IRSKI KRUH BARMBRACK 72
30. IRSKI KRUH S PEGAMI 74
31. ZAČIMBNI KRUH 76

GLAVNA JED 78

32. IRSKI PRVAK 79
33. COLCANNON Z ZELJEM ALI OHROVTOM 81
34. PIRA IN POR 83
35. BAKALAR Z ŽAFRANOM IN PARADIŽNIKOM 85
36. GOLOB IN STOUT 87
37. JAGNJEČJI VROČ LONEC 89
38. PIŠČANČJA JUHA Z VELIKO DOBRIMI STVARMI 91
39. RIMSKI PIŠČANEC IN ČIPS Z ROŽMARINOM IN TIMIJANOM 93
40. TESTENINE V ENEM LONČKU S PARADIŽNIKOM IN CHORIZOM 95
41. ZELJE IN SLANINA 98
42. PEČEN POLNJEN SLED 100
43. DUŠENA ZELENA 102
44. LOSOS S PETIMI ZAČIMBAMI S KISLIM ZELJEM 104
45. ČESNOVA SKUŠA 106
46. VROČE ŠKOLJKE NA MASLU 108
47. IRSKI KROMPIR S CIMETOM 110
48. IRSKI SVINJSKI HRBET Z LIMONO IN ZELIŠČI 112
49. IRSKA SVINJINA V STOUTU Z ZAČIMBAMI 114
50. POSTRVI PEČENE NA IRSKI NAČIN 117

ENOLONČNICE IN JUHE 119

51. IRSKA JAGNJETINA 120
52. PEČEN PASTINAK NA IRSKI NAČIN 122
53. IRSKA JUHA IZ MORSKIH SADEŽEV 124
54. GOVEDINA IN GUINNESSOVA ENOLONČNICA 126
55. IRSKO-MEHIŠKA PEČENKA 129
56. PIŠČANČJA ENOLONČNICA S CMOKI 131
57. KREMNA JUHA IZ ŠKOLJK 134
58. DUBLINSKA DUŠENA SVINJINA 136
59. SVEŽA GRAHOVA JUHA 138
60. INSTANT IRSKA KREMNA KROMPIRJEVA JUHA 140

61.	Juha iz repe in slanine	142

ZAČIMBE ... 144

62.	Vrečka za irske začimbe	145
63.	Ingverjeva marmelada	147
64.	Omaka za špagete, na irski način	149

SLADICE ... 151

65.	Irski rumeni mož	152
66.	Čokoladni puding s praženimi lešniki	154
67.	Pečena rabarbara	157
68.	Puding iz karagenskega mahu	159
69.	Puding iz kruha in masla	161
70.	Zažgane pomaranče	163
71.	Irska kremna torta	165
72.	Irski kremni tartufi Baileys	167
73.	Piščanec in porova pita	169
74.	Čevljar trske	171
75.	Glazirana irska čajna torta	173
76.	Kisli žele zelenega irskega viskija	176
77.	Irska čokoladna torta	178
78.	Irska kavna torta	180
79.	Irish cream zamrznjeni jogurt	182
80.	Irska kremna bučna pita	184
81.	Irska jig sladica	186
82.	Piškoti iz irske čipke	188

IRSKE PIJAČE ... 190

83.	Packyjeva irska kava	191
84.	Irska kava	193
85.	Clondalkin Snug	195
86.	Most Ha' Penny	197
87.	Campbellov ingver	199
88.	Klasična irska kava	201
89.	Irski kavno-jajčni punč	203
90.	Irski smoothie	205
91.	Kahlua irska kava	207

92.	Bailey's Irish Cappuccino	209
93.	Dobri stari irski	211
94.	Bushmills irska kava	213
95.	Črna irska kava	215
96.	Kremna irska kava	217
97.	Staromodna irska kava	219
98.	Kava z rumom	221
99.	Dublinske sanje	223
100.	Whisky Shooter	225

ZAKLJUČEK **227**

UVOD

Céad míle fáilte ! Dobrodošli v "VRHUNSKI IRSKI KUHARSKI VODNIK", vaši potni listi za obvladovanje umetnosti irske kuhinje od Dublina do Donegala. Ta vodnik slavi bogato kulinarično dediščino Irske in vam ponuja obsežno popotovanje skozi tradicionalne jedi, regionalne okuse in toplino irske gostoljubnosti. Pridružite se nam na gastronomski pustolovščini, ki prinaša srce in dušo irske kuhinje v vašo kuhinjo.

Predstavljajte si mizo, polno krepkih enolončnic, odlično pečenega soda kruha in bogatih, razvajajočih sladic – vse to navdihujejo raznolike pokrajine in kulturni vplivi Irske. »VRHUNSKI IRSKI KUHARSKI VODNIK« ni le zbirka receptov; gre za raziskovanje sestavin, tehnik in zgodb, zaradi katerih je irska kuhinja edinstvena in cenjena tradicija. Ne glede na to, ali imate irske korenine ali preprosto cenite udobje in okuse te kuhinje, so ti recepti oblikovani tako, da vas vodijo skozi zapletenost irske kuhinje.

Od klasike, kot sta irska enolončnica in colcannon, do sodobnih preobratov morske hrane in sladic, vsak recept je praznovanje svežine, preprostosti in srčnosti, ki opredeljujejo irske jedi. Ne glede na to, ali načrtujete praznično pojedino ali prijetno družinsko večerjo, je ta vodnik vaš glavni vir, da na svojo mizo prenesete pristen okus Irske.

Pridružite se nam, ko bomo prečkali kulinarične pokrajine od Dublina do Donegala, kjer je vsaka kreacija dokaz živahnih in raznolikih okusov, zaradi katerih je irska kuhinja cenjena kulinarična tradicija. Torej, nadenite si predpasnik, sprejmite duh irskega gostoljubja in se podajte na kulinarično popotovanje skozi »VRHUNSKI IRSKI KUHARSKI VODNIK«.

ZAJTRK

1. Irska omleta

Naredi: 2 obroka

SESTAVINE:
- 6 majhnih jajc
- 1 Lg. kuhan krompir; pire
- Stisnite limonin sok
- 1 žlica sesekljanega drobnjaka ali čebulice
- Sol in poper
- 1 žlica masla

NAVODILA:
a)   Jajca ločimo in stepemo rumenjake: dodamo pire krompirju, dobro premešamo, nato dodamo limonin sok, drobnjak ter sol in poper. V ponvi za omlete raztopimo maslo .
b)   Iz beljakov stepemo trd sneg in ga vmešamo v krompirjevo zmes. Mešanico kuhajte do zlate barve, nato pa potegnite pod brojlerja, da dokončate in napihnete. Postrezite takoj.

2. Irski ovseni kosmiči

Naredi: 4 porcije

SESTAVINE:
- 4 skodelice vode
- 1 čajna žlička soli
- 1 skodelica jekleno rezanega ovsa (Irish Oats)
- 4 čajne žličke rjavega sladkorja

NAVODILA:
a) V srednji ponvi na srednje močnem ognju zmešajte vodo in sol. Zavremo. Med nenehnim mešanjem postopoma dodajajte oves.
b) Ogenj zmanjšamo na nizko in pustimo vreti. Pogosto mešajte, dokler se voda ne vpije in oves postane kremast, približno 30 minut. Kuhan oves razdelite v 4 sklede. Na vsako skledo ovsa potresite 1 čajno žličko rjavega sladkorja. Postrezite takoj

3. **Irske krompirjeve palačinke**

Naredi: 8 obrokov

SESTAVINE:
- 1 skodelica pire krompirja
- 2 skodelici moke
- 1 čajna žlička soli
- 1 žlica pecilnega praška
- 2 stepena jajca
- 1 skodelica mleka
- 4 žlice lahkega koruznega sirupa
- 1 žlica muškatnega oreščka

NAVODILA:
a) Zmešajte vse sestavine. Dobro stepemo.
b) Pečemo na pomaščenem pekaču na obeh straneh do rjave barve.

4. Wicklow palačinka

Naredi: 4 porcije

SESTAVINE:
- 4 jajca
- 600 mililitrov mleka
- 4 unče svežih krušnih drobtin
- 1 žlica sesekljanega peteršilja
- 1 ščepec sesekljanega timijana
- 2 žlici sesekljanega drobnjaka ali čebulice
- 1 x sol in poper
- 2 žlici masla

NAVODILA:
a) Jajca rahlo stepemo, dodamo mleko, drobtine, zelišča in začimbe ter dobro premešamo.
b) V ponvi segrejte 1 žlico masla, dokler se ne speni, nato prilijte mešanico in kuhajte na majhnem ognju, da spodaj porjavi in se ravno na vrhu.
c) Za zaključek damo pod žar.
d) Postrezite narezano na kolesca s koščkom masla na vsakem delu.

5. Tradicionalni irski zajtrk

Naredi: 4 porcije

SESTAVINE:
- 8 rezin irske slanine
- 4 irske klobase
- 4 rezine črnega pudinga
- 4 rezine belega pudinga
- 4 jajca
- 4 srednji paradižniki; Razpolovljena
- 4 Soda Farls
- Sol in poper po okusu

NAVODILA:
a) V ponev položimo klobase in jih z vseh strani popečemo do rjave barve. Paradižnik z rezinami pudinga prepražimo na slanini.
b) Topel soda kruh v kapljicah, dokler ni popečen. Jajca skuhajte po želji in vsa pripravljena živila položite na en krožnik, ki jih postrezite topla.
c) Vse meso je lahko pečeno, namesto ocvrto, vendar boste zrahljajte aromo iz kapljic za jajca in soda kruh.

6. Irski kolački za zajtrk

Naredi: 16 obrokov

SESTAVINE:
- 1½ skodelice polnozrnate moke za pecivo
- ⅓ skodelice polnozrnate moke
- ¾ skodelice pšeničnih otrobov
- 1 čajna žlička pecilnega praška
- 2 žlici sojine margarine
- 2 žlici koruznega sirupa
- 1 skodelica krompirjevega ali sojinega mleka

NAVODILA:
a) Zmešajte suhe sestavine. Dodamo margarino in dobro premešamo. Dodajte sirup in toliko mleka, da dobite ohlapno testo. Zvrnemo na pomokano desko in gnetemo do gladkega.
b) Razvaljajte v kvadrat debeline približno ¾ palca. Testo prerežemo na pol, nato na četrtine in nato na osmice.
c) Pečemo na rahlo pomokanem pekaču pri 400F približno 20 minut. Ohladite na rešetki. Razdelite in postrezite s celimi sadnimi konzervami.

7. Irska klobasa za zajtrk

Naredi: 1 obrok

SESTAVINE:
- 2½ skodelice svežih belih kruhovih drobtin
- ½ skodelice mleka
- 2½ funta puste svinjine
- 2½ funta svinjskega trebuha ali mastne svinjske zadnjice, ohlajeno
- 1 žlica Plus
- 2 žlički soli
- 2 žlički sveže mletega popra
- 2 žlički timijana
- 2 jajci
- 8 jardov pripravljena čreva, približno 4 unče

NAVODILA:
a) V srednje veliki skledi namočite krušne drobtine v mleko. Meso in maščobo zmeljemo najprej na grobo, nato na drobno. Meso položite v večjo skledo.

b) Dodamo sol, poper, timijan, jajca in zmehčane krušne drobtine . Dobro premešajte z rokami, dokler se popolnoma ne zmeša. Delajte s približno eno četrtino nadeva za klobase naenkrat in ohlapno napolnite čreva z nadevom za klobase. Stisnite in zvijte v 4- palčne člene ter jih razrežite, da jih ločite. Med polnjenjem preostalih klobas ohladite.

c) KUHANJE: Klobase povsod prebodite, da kožice ne počijo, v ponev položite toliko klobas, da jih lahko brez gneče zložite v eno plast. Zalijemo s približno centimetrom in pol vode, pokrijemo in dušimo na majhnem ognju 20 minut. Odlijte tekočino in kuhajte nepokrito, obračajte, dokler se klobase enakomerno ne zapečejo približno 10 minut. Odcedimo na papirnatih brisačah in vroče postrežemo.

8. Irski krompirjev Boxty

SESTAVINE:
- 1/2 funta / približno 3 skodelice krompirja, olupljenega, kuhanega in še vročega
- 1/2 čajne žličke soli
- 2 žlici masla, stopljeno
- 1/2 skodelice večnamenske moke

NAVODILA:
a) je , da krompirjeve kolačke pripravite, ko je krompir še vroč: tako boste zagotovili lahek in okusen rezultat.
b)   Krompir dobro rižite ali pretlačite, da ni grudic.
c)   V skledi dobro premešamo krompir s soljo; nato dodamo stopljeno maslo in ponovno dobro premešamo. Na koncu dodamo še moko, ki jo vmešamo toliko, da dobimo rahlo in voljno testo.
d)   Testo zvrnemo na rahlo pomokano površino in razvaljamo v približno podolgovato obliko, približno 9 centimetrov dolgo in štiri centimetre široko ter približno 1/4 palca debelo. Obrezujte robove, dokler ne dobite urejenega pravokotnika: nato ponovno odrežite, tako da imate štiri ali šest trikotnikov.
e)   Suho rešetko ali ponev segrejemo do srednje vročine. Nato trikotnike na vsaki strani zlato rjavo zapečemo. Običajno to traja približno pet minut na vsaki strani.
f)   Končane krompirjeve palačinke odložimo na krožnik, pokrit s kuhinjsko krpo/kuhinjsko krpo, in jih pečemo dokler niso pečene. Nato jih obrnite z brisačo, da jih pokrijete. Malo pare, ki izhaja iz njih, jih bo pomagalo ohraniti mehke.
g)   Nato pripravite svoj irski zajtrk ali ulsterski cvrtje, tako da farls ocvrete na maslu ali olju, ki ga boste uporabili za preostanek jedi. Če imate več irskih krompirjevih palačink, kot jih lahko uporabite, zelo dobro zamrznejo: najprej jih dajte v Tupperware ali podobno plastično posodo.

9. Irska vražja jajca

Naredi: 8

SESTAVINE:
- 12 trdo kuhanih jajc
- 2 rezini Corned Beef, narezan na kocke
- 1/2 skodelice zelja, narezanega na kocke
- 1/2 skodelice majoneze
- 2 žlici dijonske gorčice
- Sol po okusu
- Korenje, naribano za okras
- Peteršilj, sesekljan za okras

NAVODILA:
a) Trdo kuhana jajca prerežemo na pol. Rumenjake odstranimo in damo v skledo.
b) Zelje segrevajte v mikrovalovni pečici 30 sekund do minute, dokler se ne zmehča.
c) dodamo majonezo in dijonsko gorčico ter s potopnim mešalnikom rumenjake s sestavinami kremasto zmešamo.
d) Dodajte drobno sesekljano koruzno govedino in zelje ter mešajte v mešanico rumenjakov, dokler se popolnoma ne združita.
e) Sol po okusu.
f) Zmes vlijemo v beljakove polovice
g) Okrasite s korenjem in peteršiljem.

10. Sendviči z jajčno solato na irski način

Naredi: 2

SESTAVINE:
- 4 rezine sendvič kruha
- 2 unči masla za mazanje kruha
- 2 trdo kuhana jajca
- 1 romski paradižnik ali 2 majhna petite paradižnika
- 2 glavice zelene čebule na Irskem
- 2 lista maslene solate
- ⅛ skodelice majoneze
- ⅛ čajne žličke soli
- ⅛ čajne žličke popra

NAVODILA:
a) Začnite s pripravo nadeva za te sendviče. Paradižnik razpolovite in izdolbite semena in meso ter zavrzite. Zunanje paradižnikovo meso narežite na ½ cm velike kose.
b) Zeleno čebulo zelo tanko narežite.
c) Solatne liste na tanko narežemo in pretlačimo trdo kuhana jajca.
d) Zmešajte pretlačeno trdo kuhano jajce, na kocke narezan paradižnik, zeleno čebulo, zeleno solato in majonezo.
e) Nadev po okusu začinimo s soljo in poprom.
f) Pretlačeno trdo kuhano jajce, zelena čebula, zelena solata, paradižnik in majoneza za nadev sendviča jajčne solate
g) Vsak par rezin kruha na dotikajočih se straneh, ki se ujemajo, namažite z maslom .
h) Nadev razdelite na dvoje in ga namažite po z maslom namazani strani dveh rezin kruha. Vsak sendvič obložite z maslom namazano rezino kruha.
i) Odrežite zgornjo skorjo vsakega sendviča. Razdelite na štiri trikotnike tako, da vsak sendvič narežete z dvema križnima diagonalnima rezoma.
j) Razporedite na krožnik za sendviče in postrezite z vročim čajem ter čipsom ali čipsom.

PREDJEDI IN PRIGRIZKI

11. Krvavice

Naredi: 8 obrokov

SESTAVINE:
- 1 funt prašičjih jeter
- 1½ funta netopljene zaseke, sesekljane
- 120 tekočih unč prašičje krvi
- 2 funta krušnih drobtin
- 4 unče ovsenih kosmičev
- 1 srednja čebula, sesekljana
- 1 čajna žlička soli
- ½ čajne žličke pimenta
- 1 Goveja čreva

NAVODILA:
a) Jetra dušimo v vreli slani vodi, dokler niso mehka. Odstranite jetra in mleto meso. Rezervirajte tekočino za kuhanje. Zmešajte vse sestavine v veliki skledi. Temeljito premešajte, dokler se ne zmeša. Ovitke napolnite z mešanico. Zavežite se v zanke po eni nogi. Kuhajte na pari 4-5 ur.

b) Pustite, dokler se ne ohladi. Po potrebi narežemo na ½ cm debele rezine in jih na vroči maščobi popečemo na obeh straneh, da hrustljavo zapečejo.

12. Irish Cheese Dip

Naredi: 20 obrokov

SESTAVINE:
- 14 unč irskega čedarja
- 4 unče kremnega sira
- 1/2 skodelice svetlega piva v irskem slogu (Harp Lager)
- 1 strok česna
- 1 1/2 čajne žličke mlete gorčice
- 1 čajna žlička paprike

NAVODILA:
a) Čedar nalomite na koščke in ga položite v kuhinjski robot. Utripajte, da cheddar razdrobite na majhne koščke.
b) Dodajte kremni sir, pivo, česen, mleto gorčico in papriko. Pasirajte do popolnoma gladkega. Postrgajte po stenah sklede in po potrebi ponovno pretlačite v pire. Postrezite s pita čipsom, kruhom, krekerji, zelenjavo ali rezinami jabolk.

13. Irski kavni mafini

Naredi: 12 obrokov

SESTAVINE:
- 2 skodelici moke
- 1 žlica pecilnega praška
- ½ čajne žličke soli
- ½ skodelice sladkorja
- 1 jajce, pretepeno
- ⅓ skodelice masla, stopljenega
- ½ skodelice težke smetane, nestepene
- ¼ skodelice irskega viskija
- ¼ skodelice kavnega likerja

NAVODILA:
a) Pečico segrejte na 400 F.
b) Presejte prve 4 sestavine skupaj.
c) Mešajte preostale sestavine , dokler niso navlažene.
d) Napolnite s papirjem obložene modelčke za mafine in pecite približno 20 minut.

14. Irski nachos z vrhom Reuben

Naredi: 1 krožnik

SESTAVINE:
PREVLEK ZA TISOČ OTOKOV:
- 2 1/2 žlici nemastnega navadnega grškega jogurta
- 1 1/2 žlice kečapa
- 2 žlički sladke kisle kumarice
- 3/4 čajne žličke belega kisa
- 1/4 čajne žličke pekoče omake
- 1/8 čajne žličke česna v prahu
- 1/8 čajne žličke čebule v prahu
- 1/8 čajne žličke košer soli

KROMPIR:
- 1 1/2 funta rdečerjavega krompirja, očiščenega
- 1 žlica ekstra deviškega oljčnega olja
- 3/4 čajne žličke česna v prahu
- 3/4 čajne žličke čebule v prahu
- 3/4 čajne žličke košer soli
- 1/8 čajne žličke črnega popra

REUBEN PRELIV:
- 3 unče ekstra puste slane govedine, sesekljane
- 1 skodelica naribanega švicarskega sira z manj maščobe
- 1/4 - 1/3 skodelice kislega zelja, odcejenega
- drobno sesekljan peteršilj (po želji) za okras

NAVODILA:
a) Pečico segrejte na 475ºF.
b) V srednje veliki skledi zmešajte grški jogurt, kečap, okus, kis, pekočo omako, 1/8 čajne žličke česna v prahu, 1/8 čajne žličke čebule v prahu in 1/8 čajne žličke košer soli. Pokrijte in ohladite, dokler ni potrebno (lahko pripravite do približno dva dni vnaprej).
c) želite , lahko za to uporabite mandolino , jaz pa uporabljam kuharski nož. V vsakem primeru je ključno, da jih narežete zelo enakomerno, da se enakomerno spečejo.)
d) V veliki skledi premešajte rezine krompirja z oljčnim oljem, dokler niso enakomerno prekrite. Krompir potresemo s 3/4 čajne žličke česna

v prahu, 3/4 čajne žličke čebule v prahu, 3/4 čajne žličke košer soli in črnega popra. Ponovno premešajte, da se prepričate, da so začimbe zelo enakomerno porazdeljene . Morda boste ugotovili, da je to najlažje narediti z rokami in ne z žlico za mešanje.

e) Rezine krompirja položite na dva s pergamentom obložena pekača, jih porazdelite in pazite, da se ne dotikajo ali prekrivajo.

f) Krompirjeve rezine pečemo 12-14 minut. Natančni časi pečenja se lahko razlikujejo, če vaše krompirjeve rezine niso narezane na 1/8" ali če niso enake debeline. Občasno jih preverite: na dnu iščete toplo, zapečeno, popečeno barvo. vaših rezin, vendar ne želite, da se zažgejo.

g) Previdno obrnite vse rezine in nadaljujte s peko na drugi strani še približno 5-8 minut, pri čemer občasno preverite pečenost. Če so nekatere vaše rezine tanjše od drugih, bodo morda pripravljene prej in jih boste morda želeli odstraniti na krožnik, medtem ko se druge rezine še pečejo.

h) Ko se vaš krompir speče , ga zložite v kup na sredino enega pekača, tako da ga obložite s koruzno govedino, sirom in kislim zeljem. Nachose vrnite v pečico še za približno 5 minut, da se prelivi segrejejo in sir stopi.

i) Nachos po želji okrasite s peteršiljem in postrezite s prelivom tisočerih otokov . (Preliv lahko pokapljate po vrhu, postrežete zraven ali oboje.)

15. Guinnessovi drsniki iz soljene govedine

Naredi: 12 drsnikov

SESTAVINE:
- 4 funte soljene goveje prsi z zavitkom začimb
- 1 skodelica zamrznjene biserne čebule ali bele kuhane čebule (obrezane in olupljene)
- 4 stroki česna
- Po želji: 1-2 lovorjeva lista
- 2 1/2 skodelice vode
- 11,2 unč točenega piva Guinness (1 steklenica)
- 12 havajskih zvitkov
- 1 paket mešanice zeljne solate
- 2–3 žlice sesekljanega svežega kopra
- Dijonska gorčica za namaz po želji
- Po želji: majoneza za namaz
- Baby Kosher kisle kumarice iz kopra (cele)

NAVODILA:
a) Dodajte čebulo in česen v notranji jekleni lonec lonca na pritisk. Dodajte žično stojalo na vrh. V lonec nalijemo Guinnessovo pivo in vodo. Na kovinsko rešetko položite soljene goveje prsi s pokrovčkom maščobe navzdol. Po vrhu potresemo začimbe. Po želji dodajte 1-2 lovorjeva lista. S kleščami obrnite govedino tako, da bo maščobni pokrovček obrnjen navzgor.
b) Previdno odprite pokrov lonca na pritisk. Dvignite kovinski pladenj , na katerem je meso. Prenesite soljeno govedino na krožnik. Odstranite lovorjev list, čebulo in trdne ostanke. Precedite tekočino. Eno skodelico rezervirajte, če jo potrebujete za posip po mesu, da se ne izsuši.
c) Goveje meso narežite na tanke rezine.
d) Havajske zvitke vodoravno prerežite na pol.
e) Spodnjo polovico vsakega zvitka namažite s plastjo gorčice. Po želji zgornjo polovico žemljice namažemo z majonezo.
f) Na spodnjo žemljico položite 2-3 rezine soljene govedine. Meso potresemo s sveže sesekljanim kopromom. Vsakemu dodajte 1/4 skodelice zeljne solate.
g) Zgornje polovice havajskih zvitkov položite na drsnike.
h) Vsak goveji drsnik okrasite s kislo kumarico. Sendviče za zabavo prebodite po sredini z lesenimi krampi, da boste lažje držali vse skupaj.

16. Guinness glazirane mesne kroglice

Naredi: 24

SESTAVINE:
MESNE KROGLICE
- 1 lb mletega purana ali govedine
- 1 c. panko drobtine
- 1/4 c. Guinness
- 1/4 c. sesekljano čebulo
- 1 jajce, rahlo stepeno
- 1 čajna žlička sol
- 1/8 žličke poper

GUINNESSOVA OMAKA
- 2 steklenici Guinnessa
- 1/2 c. kečap
- 1/4 c. med
- 2 žlici. melasa
- 2 žlički dijonska gorčica
- 2 žlički posušeno mleto čebulo
- 1 čajna žlička česen v prahu
- 4 žličke koruzni škrob

NAVODILA:
a) Za mesne kroglice: Zmešajte vse sestavine v srednje veliki posodi za mešanje. Dobro premešaj.
b) Oblikujte 1 1/2 inčne kroglice (uporabil sem majhno zajemalko za piškote) in jih položite na obrobljen pekač, obložen z aluminijasto folijo in poškropljen s sprejem proti sprijemanju.
c) Pečemo pri 350° 20-25 minut.
d) Za omako: V srednje veliki ponvi zmešajte vse sestavine razen koruznega škroba. Stepajte.
e) Zavremo, občasno premešamo.
f) Zmanjšajte ogenj in kuhajte 20 minut.
g) Vmešajte koruzni škrob in nadaljujte z vretjem 5 minut ali dokler se ne zgosti.
h) Dodajte mesne kroglice v omako.

17. Irske paste

Naredi: 10

SESTAVINE:
- 1 čebula
- 1/3 glave zelja
- 4 majhne korenčke
- 8 majhnih rdečih krompirjev
- 4 zelene čebule
- 1 por
- 4 žlice masla
- 3 jajca
- 1 žlica rjave gorčice
- 1/2 čajne žličke timijana
- 1/4 čajne žličke popra
- 1/2 čajne žličke soli
- 1/4 čajne žličke mlete gorčice
- 1 8-unč paket naribanega sira mozzarella
- 4 unče naribanega parmezana
- 5 ohlajenih zvitih skorij za pito
- 1 funt mlete govedine neobvezno

NAVODILA:
a) Če uporabljate mleto govedino, rjavo govedino v veliki ponvi, nato odcedite, odstranite iz ponve in postavite na stran. Čebulo, korenje in krompir narežemo na kocke. Zelje sesekljajte na majhne koščke. Por in zeleno čebulo na tanko narežemo
b) V veliki ponvi na zmernem ognju segrejte 4 žlice masla. Pražite čebulo, zeleno čebulo in por, dokler niso mehki - približno 6 minut. Dodamo zelje, korenje in krompir. Nadaljujte s kuhanjem na srednjem ognju še 5 minut.
c) Zmanjšajte toploto na nizko ; pokrijte in kuhajte na pari 15 minut. Odstranite z ognja. Medtem odstranite skorje za pito iz hladilnika in segrejte pečico na 375 stopinj.
d) V veliki skledi stepemo 3 jajca, gorčico in začimbe. Odstranite 1 žlico jajčne mešanice in zmešajte z 1 žlico vode; dati na stran. Jajčni zmesi dodajte zelenjavo, govedino in sir ter dobro premešajte.

e) Odvijte skorje za pito in jih narežite na četrtine z rezalnikom za pico.
f) Če želite narediti pecivo, položite en del skorje na pekač za piškote, prekrit s pergamentnim papirjem. Na sredino rezine položite zajemalko zelenjavne mešanice, nato pa pokrijte z drugo rezino.
g) Robove stisnite z vilicami, da se zaprejo, nato premažite z mešanico jajc in vode. Pečemo približno 20 minut oziroma dokler skorja ni zlato rjave barve.

18. Irske klobase

Naredi: 18

SESTAVINE:
- 3 listi listnatega testa
- 1 stepeno jajce za mazanje peciva
- Mesni nadev za klobase
- 1 funt mlete svinjine
- 1 čajna žlička posušenega timijana
- ½ čajne žličke posušenega majarona
- ½ čajne žličke posušene bazilike
- ½ čajne žličke posušenih listov rožmarina
- 1 čajna žlička posušenega peteršilja
- ½ čajne žličke posušenega žajblja
- ⅛ čajne žličke soli
- ⅛ čajne žličke črnega popra
- 1 skodelica drobtin
- 1 strok česna
- 1 stepeno jajce
- ¼ čajne žličke posušenega komarčka po želji

NAVODILA:
a) V kavnem mlinčku zmeljemo začimbe, sol in poper.
b) Drobtinam v veliki skledi dodajte mlete začimbe in sesekljan česen ter premešajte.
c) V začinjene drobtine dodamo mleto svinjino in s prsti premešamo. Dodamo polovico stepenega jajca in dobro mešamo, dokler se mesna mešanica ne začne lepiti. Odvečno jajce zavrzite.
d) Z rokami zvijte klobaso tako, da oblikujete 4 valjaste oblike debeline približno ¾ palca in dolžine 10 palcev. Meso odstavite.
e) Pečico segrejte na 400 stopinj F. Velik pekač obložite s pergamentnim papirjem.
f) Odmrznjen list listnatega testa odpremo na pomokani površini. Razrežite na 3 trakove, široke približno 3 cm in dolge 10 cm.
g) položite 3-palčni kos predhodno oblikovane klobase. Testo zvijte okoli mesa, tako da se spodaj prekriva za en centimeter.

h) Zavitek peciva prerežite, nato pa ga zvijte nazaj, da spodnjo plast premažete z jajčno pasto. Ponovno zvijte in zaprite spodnji šiv.
i) Z ostrim nožem zarežite dve diagonalni ½-palčni reži na zgornji površini zvitka. Postopek ponovimo, da oblikujemo 18 kolutov klobase.
j) Pripravljene kolobarje polagamo na pekač v vrstah in centimeter narazen. Vrh peciva premažite z jajčno pasto.
k) Pečemo v pečici pri 400 stopinjah F 20 minut. Znižajte temperaturo na 350 stopinj in pecite še 5 minut.
l) Odstranite iz pečice, ko se na vrhu zlato zapeče. Zvitke klobase ohladite na rešetki.

KIFE IN KRUH

19. Slane sirne pogače

SESTAVINE:
- 225 g navadne moke
- 2 ravni žlički pecilnega praška
- Ščepec soli
- ¼ čajne žličke gorčice
- 50 g masla
- 75 g naribanega čedarja
- 1 veliko jajce
- 4 žlice kremnega mleka
- Ekstra mleko za glaziranje

NAVODILA:
a) Pečico segrejte na 220° C. Skupaj presejte moko, pecilni prašek, sol in gorčico. Maslo vtrite, dokler zmes ne postane podobna drobnim drobtinam. Vmešajte nariban sir.

b) Stepite jajce in dodajte mleko. Na sredini suhih sestavin naredite jamico in zmešajte tekoče. Zvrnemo na pomokano desko. Rahlo pregnetemo in z rezalnikom za testo narežemo na kolobarje. Polagamo na pomaščen pekač.

c) Premažite z mešanico jajc in mleka ter pecite 12-15 minut ali dokler ne postanejo zlate in pečene.

20. Irski soda kruh

SESTAVINE:
- 12 oz / 340 g navadne polnozrnate ali bele moke
- 1/2 čajne žličke soli
- 1/2 čajne žličke natrijevega bikarbonata
- 1/2 skodelice pinjenca

NAVODILA:
a) Zmešajte vse suhe sestavine in nato presejte suhe sestavine , da dodate zrak. Nato naredite jamico v sredini suhe mešanice in dodajte polovico pinjenca, nato pa to nežno premešajte. Dodajte preostanek pinjenca in rahlo pregnetite, da se meša.
b) Če se zmes zdi suha in težka pri uporabi polnozrnate moke, dodajte še malo pinjenca. Prilepilo se vam bo na roke.
c) Testo damo na pomokan pult in ga nežno zgnetemo v krog, ki ga nato prestavimo na pekač. Vrh kruha precej globoko zarežemo v križ, da "vile spustijo ven" in nato damo v pečico za 40 do 45 minut. Če želite preveriti, ali je kruh pečen, rahlo potrkajte po dnu, če se sliši votlo, je pripravljen.
d) lahko dodate najrazličnejše sestavine , sir in čebulo, koščke slanine, sadje, kot so rozine, suhe brusnice in borovnice, oreščke, semena, skoraj vse, kar želite, da ustvarite sladek ali slan kruh.

21. Irski pšenični kruh

SESTAVINE:
- 500 g (1lb 2oz) grobe polnozrnate moke
- 125 g (4 1/2oz) navadne moke, plus dodatek za posip
- 1 žlička sode bikarbone
- 1 žlička soli
- 600 ml (1 pol litra) pinjenca, po potrebi še malo
- 1 žlica svetlo rjavega sladkorja
- 1 žlica stopljenega masla, plus dodatek za mazanje pekača
- 2 žlici zlatega sirupa

NAVODILA:
a) Pečico segrejte na 200°C - 400°F in namastite 2 x pekača za hlebce.
b) Vzemite veliko skledo in vanjo presejte moko skupaj s sodo bikarbono in soljo. V sredino te suhe mešanice naredite majhno jamico in dodajte pinjenec, rjavi sladkor, stopljeno maslo in zlati sirup.
c) To nežno mešajte, dokler se vse sestavine ne povežejo. Nato zmes razdelite v modelčke za štruce in potresite po svojih najljubših prelivih.
d) To pečemo približno eno uro, na polovici pa preverimo, ali pekačev ni treba obračati ali če štručke niso preveč porjavele. Če so, malo zmanjšajte ogenj.
e) Če želite preveriti, ali so pečeni, preprosto poskočite iz pekača in potrkajte po dnu kruha, če se sliši votlo, je pripravljen. Če je pripravljen, ga postavite na stojalo za hlajenje. Ohlajene postrezite z veliko masla.

22. Irish ali Dublin Coddle

SESTAVINE:
- 1 žlica rastlinskega olja
- 450 g klobas
- 200 g slanine, narezane na trakove
- 1 čebula, narezana na kocke
- 2 korenja, narezana na rezine
- 1 kg ali 2,5 lbs krompirja, olupljenega in narezanega
- Sveže mleti črni poper
- 500 ml piščančje juhe, lahko uporabite jušno kocko, stopljeno v vroči vodi
- 1 lovorjev list

NAVODILA:
a) Pečico segrejte tako, da jo predgrejete na 170 °C ali 325 °F. Medtem ko se to segreva, v ponvi segrejte olje in zapecite klobase. Popečenim klobasam dodajte slanino in kuhajte 2 minuti.

b) Na dno pekača dajte polovico klobas in slanino, nato dodajte polovico čebule, korenja in krompirja. To plast začinimo s soljo in poprom. Nato ustvarite drugo plast na vrhu s preostalimi klobasami, slanino in zelenjavo, ne pozabite začiniti tudi te plasti.

c) Ko je začinjeno, celotno enolončnico prelijemo s segreto osnovo in dodamo lovorov list. Pokrijte s pokrovko in kuhajte 2 uri, nato odstranite pokrov in kuhajte še 30 minut.

d) Pustite stati iz pečice približno 5 minut, po želji potresite s peteršiljem in postrezite.

23. Irski kruh s kislo smetano

Naredi: 1 obrok

SESTAVINE:
- 2½ skodelice presejane večnamenske moke
- 2 žlički pecilnega praška
- 1 čajna žlička soli
- ½ čajne žličke sode bikarbone
- ¼ skodelice Skrajšanje
- ½ skodelice sladkorja
- 1 jajce; pretepen
- 1½ skodelice naše smetane
- 1 skodelica rozin
- ½ skodelice ribeza

NAVODILA:
a) Pečico segrejte na 375 stopinj. V skledo presejemo moko, pecilni prašek, sol in sodo. Dati na stran. Smetana za mast in sladkor, dokler ni rahla in puhasta.
b) Dodamo jajce in kislo smetano. Dobro premešaj. Vmešajte v mešanico moke. Mešajte, dokler ni dobro premešano.
c) Zložite rozine in ribez. Položite v pomaščen 2-litrski pekač.
d) Pečemo 50 minut. Pokrijte z aluminijasto folijo in pecite še 10 minut oziroma do konca. Naredi eno okroglo 8-palčno štruco.

24. Irska kmečka štruca

Naredi: 8 obrokov

SESTAVINE:
- 8 unč moke
- 4 unče sladkorja
- 8 unč mešanega suhega sadja
- ½ vsakega Nastrgana lupina limone
- 2 žlici masla
- ½ čajne žličke soli
- 2 žlički pecilnega praška
- 1 ščepec sode bikarbone
- 1 vsako jajce, pretepljeno
- 1¼ skodelice pinjenca

NAVODILA:
a) Zmešajte moko, sladkor, sadje, limonino lupinico, maslo, pecilni prašek in sodo.
b) Dodajte stepeno jajce in pinjenec, da dobite lepo mehko testo; dobro stepemo in vlijemo v pomaščen 2-kilogramski pekač.
c) Pecite pri 300 F 1 uro ali dokler ni testno pripravljen z nabodalom.

25. Irski ovseni kruh

Naredi: 1 obrok

SESTAVINE:
- 1 1/4 skodelice večnamenske moke; razdeljeno, do 1
- 2 žlici temno rjavega sladkorja; trdno zapakirano
- 1 čajna žlička pecilnega praška
- 1 čajna žlička sode bikarbone
- ½ čajne žličke soli
- 2 žlici masla; zmehčan
- 2 skodelici kameno mlete polnozrnate pšenične moke
- 6 žlic ovsenih kosmičev
- 1½ skodelice pinjenca
- 1 jajčni beljak; za zasteklitev
- 2 žlici zdrobljenega valjanega ovsa; za škropljenje

NAVODILA:
a) V veliki posodi za mešanje zmešajte 1 skodelico moke, temno rjavi sladkor, pecilni prašek, sodo bikarbono in sol. Mešanico vtrite med konicami prstov , da se sladkor enakomerno porazdeli . Z mešalnikom za pecivo ali dvema nožema narežite maslo v zmes, dokler zmes ne postane podobna drobnim drobtinam.
b) Vmešajte polnozrnato pšenično moko in oves. Na sredini zmesi naredite jamico in postopoma dodajajte pinjenec ter rahlo mešajte, dokler se zmes popolnoma ne navlaži . S preostalimi ¼ skodelice moke po malem potresemo testo in ga zberemo v kepo. Rahlo gnetite in po potrebi dodajte moko, dokler testo ni gladko in prožno, približno 6-8 gnetenj .
c) Pečico segrejte na 375 stopinj in rahlo namastite velik pekač. Testo oblikujte v gladko okroglo kroglo in jo položite na sredino pripravljenega pekača. Nežno potisnite žogo v debel 7-palčni disk. Z ostrim nožem na vrhu testa zarežemo velik križ.
d) Rahlo stepite beljak, dokler ne nastane pena, in ga rahlo, a enakomerno premažite po vrhu štruce, da postekleni. Ni vam treba uporabiti celotnega beljaka.
e) V kuhinjskem robotu ali mešalniku grobo sesekljajte ovsene kosmiče in jih enakomerno potresite po beljakovi glazuri.
f) Pecite v sredini ogrete pečice 40-45 minut oziroma toliko časa, da hlebec lepo porjavi in ob udarjanju zazveni votlo.
g) Štruco takoj odstranite na rešetko, da se ohladi.

26. Irski jogurtov kruh

Naredi: 1 obrok

SESTAVINE:
- 4 skodelice moke
- ¾ čajne žličke sode bikarbone
- 3 čajne žličke pecilnega praška
- 1 čajna žlička soli
- 1 skodelica ribeza
- 2 žlici kumine
- 2 jajci
- 1 skodelica navadnega jogurta z nizko vsebnostjo maščob; mešano

NAVODILA:
a) Suhe sestavine zmešajte skupaj. Dodajte ribez in kumino; Dodajte jajca.
b) ne nastane lepljiva masa . gnetemo na dobro pomokani površini 1 minuto, nato oblikujemo kroglo in jo položimo v dobro pomaščen okrogel pekač.
c) Z ostrim nožem na sredini označite križ in pecite v pečici pri 350 °C 1 uro in 15 minut, preden kruh vzamete iz lonca, nato pustite, da se ohladi na rešetki. Narežite na tanke rezine za serviranje.
d) Dobro zamrzne in je najboljši dan po peki

27. Irski polnozrnat soda kruh

Naredi: 8 obrokov

SESTAVINE:
- 3 skodelice polnozrnate moke
- 1 skodelica moke za vse namene
- 1 žlica soli
- 1 čajna žlička sode bikarbone
- ¾ čajne žličke pecilnega praška
- 1½ skodelice pinjenca, jogurta ali mleka, kisanega z limoninim sokom

NAVODILA:
a) Zmešajte suhe sestavine in dobro premešajte, da se razporedita soda in pecilni prašek, nato dodajte toliko pinjenca, da dobite mehko testo, a dovolj čvrsto, da obdrži obliko.
b) Gnetemo na rahlo pomokani deski 2 ali 3 minute, dokler ni povsem gladko in žametno. Oblikujte okroglo štruco in jo položite v dobro namaščen model 8-palčni pekač ali na dobro namaščen pekač za piškote. Z zelo ostrim pomokanim nožem na vrhu štruce zarežemo križ.
c) Pecite v predhodno ogreti pečici na 375 F 35-40 minut ali dokler štruca ni lepo porjavela in ob udarjanju z členki zazveni votlo.

28. Irski pivski kruh

Naredi: 1 obrok

SESTAVINE:
- 3 skodelice samovzhajalne moke
- ⅓ skodelice sladkorja
- 1 steklenica irskega piva

NAVODILA:
a) Zmešajte sestavine v skledi.
b) Testo vlijemo v pomaščen pekač in pečemo eno uro pri 350 stopinjah.
c) Postrezite toplo.

29. Irski kruh barmbrack

Naredi: 1 obrok

SESTAVINE:
- 1⅛ skodelice vode
- 3 skodelice moke za kruh
- 3 čajne žličke glutena
- 1½ čajne žličke soli
- 3 žlice sladkorja
- ¾ čajne žličke posušene limonine lupine
- ¾ čajne žličke mletega pimenta
- 1½ žlice masla
- 2 žlici suhega mleka
- 2 žlički aktivnega suhega kvasa Red Star
- ¾ skodelice rozin
- 1½ LB ŠTUCKE

NAVODILA:
a) Vse sestavine dajte v pekač za kruh v skladu z navodili proizvajalca.
b) Tako dobimo gosto štruco srednje velikosti (6-7 centimetrov visoko). Za bolj puhasto višjo štruco povečajte količino kvasa na 2 ½ čajne žličke.
c) Sestavine naj bodo na sobni temperaturi. Po potrebi toplo vodo in maslo segrevajte v mikrovalovni pečici 50-60 sekund na visoki temperaturi.
d) Za moj Hitachi 101 dodajte ¼ skodelice rozin 4 minute v prvem ciklu.
e) Preostale rozine dodajte takoj po počitku in ko se začne drugo gnetenje.
f) Barva skorje: srednje velika. Cikel kruha: kruh ali mešani kruh. To je bila uspešna štruca v mojem Hitachiju B101. Drugi proizvajalci kruhomatov bodo morali narediti nekaj sprememb glede na svoje aparate.

30. Irski kruh s pegami

Naredi: 1 obrok

SESTAVINE:
- 2 hlebca
- 4¾ vsakega Na 5 3/4 skodelice nepresejane moke
- ½ skodelice sladkorja
- 1 čajna žlička soli
- 2 paketa suhega kvasa
- 1 skodelica krompirjeve vode
- ½ skodelice margarine
- 2 jajci, sobne temperature
- ¼ skodelice pire krompirja, sobne temperature
- 1 skodelica rozin brez semen

NAVODILA:
a) V veliki skledi temeljito premešajte 1½ skodelice moke, sladkor, sol in neraztopljen kvas. V ponvi zmešajte krompirjevo vodo in margarino.
b) Na majhnem ognju segrevajte, dokler se tekočina ne segreje – ni treba, da se margarina stopi. Postopoma dodajte suhim sestavinam in stepajte 2 minuti pri srednji hitrosti z električnim mešalnikom, občasno strgajte posodo. Dodajte jajca, krompir in ½ skodelice moke ali toliko moke, da dobite gosto testo. Vmešajte rozine in toliko dodatne moke, da dobite mehko testo.
c) Zvrnemo na pomokano desko. Gnetite dokler ni gladko in elastično, približno 10 minut. Položite v pomaščeno skledo in obrnite testo na mast.
d) Pokrijte in pustite vzhajati, dokler se masa ne podvoji. Preluknjajte testo navzdol. Obrnemo na rahlo pomokano desko.
e) Testo razdelite na 4 enake dele. Vsak kos oblikujte v tanko štruco, dolgo približno 8 ½ palcev. Položite 2 štruci, enega poleg drugega, v vsakega od 2 namaščenih 8 ½ x 4 ½ x 2 ½ palcev pekačev za hlebce. Pokrov. Pustite vzhajati na toplem, brez prepiha, dokler se masa ne podvoji.
f) Pecite v predhodno ogreti pečici na 375 F 35 minut ali dokler ni pečeno. Odstranite iz pekačev in ohladite na rešetki.

31. Začimbni kruh

Naredi: 8 obrokov

SESTAVINE:
- 10 unč moke
- 2 žlički pecilnega praška
- ½ čajne žličke sode bikarbone
- 1 čajna žlička mešanice začimb
- ½ čajne žličke mletega ingverja
- 4 unče svetlo rjavega sladkorja
- 2 unči sesekljane kandirane lupine
- 6 unč rozin, navadnih ali zlatih
- 4 unče masla
- 6 unč zlatega sirupa
- 1 veliko jajce, pretepeno
- 4 žlice mleka

NAVODILA:
a) Presejte moko s sodo in pecilnim praškom ter mešanico začimb in ingverja: nato dodajte rjavi sladkor, sesekljane lupinice in rozine: premešajte.
b) Na sredini naredite jamico. Na šibkem ognju stopite maslo s sirupom, nato pa vlijte v jamico v mešanici. Dodamo stepeno jajce in mleko ter dobro premešamo. Vlijemo v pomaščen 2 lb pekač za štruco in pečemo v predhodno ogreti pečici pri 325 F 40-50 minut ali dokler testi niso končani. Ta kruh bo ostal vlažen več dni in se v tem času dejansko nekoliko izboljša.

GLAVNA JED

32. Irski prvak

SESTAVINE:
- 5 dobrih velikih krompirjev
- 1 skodelica zelene čebule
- 1 skodelica mleka, po možnosti polnomastnega mleka
- 55 gramov soljenega masla
- sol (po okusu)
- beli poper (po okusu)

NAVODILA:
a) Lonec napolnite s krompirjem in ga zalijte z vodo, ki vsebuje okroglo žličko soli. Krompir dušimo do kuhanja, za hitrejše kuhanje pa ga preprosto narežemo na manjše kose.
b) Medtem ko se krompir kuha, drobno sesekljajte zeleno čebulo. Zeleni del naj bo ločen od belega.
c) Odcedite vodo iz krompirja in se prepričajte, da ste odstranili vso vodo . Nato v lonec dodamo maslo in mleko ter krompir nežno pretlačimo. Ko je čebula pretlačena, premešajte bele dele čebule in jo po okusu začinite s soljo in belim poprom. Odstranite ves Champ v skledo za serviranje.
d) Preden postrežete, po vrhu potresite sesekljano zeleno čebulo in uživajte.

33. Colcannon z zeljem ali ohrovtom

SESTAVINE:
- 1 kg/ 2,5 lbs krompirja, olupljenega
- 250 g/1/2 lb narezanega zelja ali kodrolistnega ohrovta, dobro opranega in na drobno narezanega, zavrzite vsa debela peclja
- 100 ml/1 skodelica + 1 žlica mleka
- 100 g/1 skodelica + 2 žlici masla
- Sol in sveže mlet črni poper

NAVODILA:
a) Olupljen krompir damo v ponev in prelijemo z vodo z žličko soli. Zavremo in nato kuhamo do mehkega.
b) kuhanjem krompirja skuhamo zelje ali ohrovt. V težko ponev dajte 1 žlico masla in ga stopite, dokler ne postane mehurčasto. Dodamo nasekljan ohrovt ali zelje s ščepcem soli. Ponev pokrijemo in na močnem ognju kuhamo 1 minuto.
c) Zelenjavo premešajte in kuhajte še eno minuto, nato odcedite vso tekočino ter začinite s soljo in poprom.
d) Krompir odcedimo in pretlačimo z malo mleka in 1 žlico masla, nato primešamo ohrovt ali zelje ter po okusu začinimo s soljo in poprom.

34. Pira in por

Naredi: 4

SESTAVINE:
- 50 g/2 oz (4 žlice) masla
- 3 tanko narezane pore
- listi nekaj vejic timijana, sesekljani
- 1 lovorjev list
- 350 g/12 oz (2 skodelici) zrn pire
- 250 ml/8 fl oz (1 skodelica) jabolčnika (trdi jabolčnik)
- 750 ml/25 fl oz (3 skodelice) zelenjavne juhe (juha)
- 2 žlici sesekljanega peteršilja
- Morska sol

NAVODILA:

a) V večji ponvi (ponvi) na srednjem ognju stopite polovico masla. Pražimo por s timijanom in lovorjevim listom približno 5 minut, da se lepo zmehča. Dodamo pirino zrnje in kuhamo minuto, nato dodamo jabolčnik in zavremo.

b) Dodajte osnovo (juho) in pustite vreti 40 minut–1 uro, dokler pira ni kuhana in mehka. Po potrebi dodajte še malo vode.

c) Odstavite z ognja in dodajte preostalo maslo in peteršilj. Pred serviranjem začinimo.

35. Bakalar z žafranom in paradižnikom

Naredi: 4

SESTAVINE:
- 1 žlica repičnega (kanolinega) olja
- 1 čebula, drobno narezana
- 2 stroka česna, zdrobljena
- 150 g (približno 3 majhne) krompirja, olupljenega in narezanega na kocke
- 1 lovorjev list
- 175 ml/6 fl oz (. cup) šeri
- dober ščepec žafrana
- 350 ml/12 fl oz (1. skodelice) ribje osnove (juhe)
- 1 x 400-g (14-oz) pločevinka narezanih paradižnikov, zmešanih
- 600 g/1 lb 5 oz fileja trske, olupljen in izkoščen, narezan na grižljaj velike kose
- 2 žlici peteršilja
- morska sol in sveže mlet črni poper

NAVODILA:
a) V veliki ponvi na zmernem ognju segrejemo olje, dodamo čebulo in česen, pokrijemo in pražimo približno 5 minut, da se zmehčata in lepo obarvata . Začinimo z malo soli.
b) Dodamo krompir in lovorov list ter kuhamo nekaj minut. Nato dodajte šeri, žafran in ribjo osnovo (juho). Kuhajte približno 15 minut, dokler se krompir skoraj ne zmehča.
c) Dodamo paradižnik, zmanjšamo vrelišče in kuhamo 15 minut. Zadnjo minuto dodajte ribe in kuhajte 1 minuto. Dodamo sesekljan peteršilj in po okusu začinimo s soljo in poprom.

36. Golob in Stout

Naredi: 4

SESTAVINE:
- 4 golobi, oskubljeni in brez drobovja
- 4 žlice repičnega olja (canola).
- 75 g/ 2 . oz (5. žlic) masla
- nekaj vejic timijana
- 2 čebuli, sesekljani
- 2 stroka česna, zelo drobno sesekljan
- 250 g/9 oz narezanih gob
- 500 ml/17 fl oz (velikodušni 2 skodelici) piščančje juhe (juha)
- 4 žlice viskija
- 500 ml/17 fl oz (velikodušni 2 skodelici) močnega
- morska sol

NAVODILA:
a) Golobčke začinimo z morsko soljo. V veliki ponvi na zmernem ognju segrejte 3 žlice olja, dodajte golobe in prepražite. Po nekaj minutah dodamo maslo s timijanom in pustimo, da karamelizira . Golobčke pražimo nekaj minut, da lepo porjavijo. Golobčke vzamemo iz ponve in pustimo počivati.
b) Ponev obrišite s papirnatimi brisačkami, pri čemer odstranite maslo in timijan. V ponvi na zmernem ognju segrejte preostalo olje in pražite čebulo in česen 3–4 minute, da posteklenita.
c) Začinimo z morsko soljo, dodamo gobe in kuhamo 5–7 minut, da se gobe lepo obarvajo . Dodajte piščančjo osnovo (juho), viski in stout.
d) Zavremo, zmanjšamo ogenj in pustimo vreti 30 minut.
e) Golobčke vrnemo v ponev, pokrijemo in dušimo še 20 minut, da so golobčki pečeni; temperatura sredice mesa prsi mora na termometru za meso doseči 65 C/150 F.

37. Jagnječji vroč lonec

Naredi: 6–8

SESTAVINE:
- 750 g/1 lb 10 oz lb jagnječje pleče, narezano na kocke
- 50 g/2 oz (. skodelica) govejega posipa
- 3 čebule, narezane na rezine
- 2 žlici drobno sesekljanega timijana
- 2 žlici navadne (univerzalne) moke
- 750 ml/25 fl oz (3 skodelice) jagnječje juhe (juha), ogreta
- 750 g/1 lb 10 oz lb (7 srednjih) krompirja, olupljenega in na tanke rezine narezanega
- 50 g/2 oz (3. žlice) masla, stopljenega
- morska sol in sveže mlet črni poper

NAVODILA:
a) Pečico segrejte na 180C/350F/plinska oznaka 4.
b) Jagnjetino začinimo s črnim poprom in soljo. Goveje meso segrejemo v litoželezni posodi na zmernem ognju, dodamo jagnjetino in pražimo v porcijah 5–10, da lepo porjavi. Odstranite in prihranite na toplem.
c) V lonec dodajte čebulo in polovico timijana ter kuhajte približno 5 minut, dokler ni mehka in prosojna. Za pripravo mešanice dodajte moko in kuhajte 2 minuti, da nastane ohlapna pasta. Postopoma prilivajte toplo jagnječjo osnovo (juho) in mešajte, dokler se mešanica ne raztopi.
d) Popečeno jagnjetino vrnemo v lonec. Na vrh položite rezine krompirja v krožnem vzorcu. Premažite s stopljenim maslom in začinite z morsko soljo, črnim poprom in preostalim timijanom.
e) Pokrijte in pecite v ogreti pečici 45 minut. Zadnjih 15 minut odstranite pokrov, da krompir porjavi.

38. Piščančja juha z veliko dobrimi stvarmi

Naredi: 6

SESTAVINE:

- 1,8 litra (3 pinte) aromatizirane in dobro posnete domače piščančje juhe
- 225 g (8 oz) nekuhanega ali kuhanega, narezanega piščanca (raje uporabljam rjavo meso)
- kosmičasta morska sol in sveže mlet črni poper
- 6 srednje velikih rdečih paradižnikov, narezanih na 1 cm (1/2 palca) velike kocke
- 2–3 zreli avokadi Hass, narezani na 1,5 cm (2/3) kocke
- 2 srednji rdeči čebuli, narezani na 1 cm (1/2 palca) velike kocke
- čilija Serrano ali Jalapeño, narezana na tanke rezine
- 3 organske limete, narezane na kolesca
- 3–4 mehke koruzne tortilje ali velika vrečka kakovostnega tortiljinega čipsa
- 4–6 žlic grobo sesekljanih koriandrovih listov

NAVODILA:
a) Piščančjo osnovo dajte v široko 2,5- litrsko (4 1/2 pinta) ponev in pristavite do
b) vrenje . Okusite in začinite s soljo in poprom – juha mora imeti poln bogat okus , sicer bo juha pusta in neokusna.
c) Tik preden postrežemo, v vročo juho dodamo narezano piščančje meso in ga nežno popramo, da se ne strdi. Kuhanega piščanca je treba samo segreti v juhi. Surovo belo meso se kuha 2–3 minute, rjavo meso pa nekoliko dlje – 4–6 minut. Začinimo po okusu.

39. Rimski piščanec in čips z rožmarinom in timijanom

Naredi: 8-10

SESTAVINE:

- 2 kg (4 1/2 lb) organskih piščančjih stegen, krač in kril iz proste reje
- 2–3 jedilne žlice (2 1/2 – 4 ameriške jedilne žlice) listov timijana
- 1–2 žlici (1 1/4 – 2 1/2 ameriški žlici) sesekljanega rožmarina
- 1,1 kg (2 1/2 lb) (približno 10 velikih) krompirjev
- ekstra deviško oljčno olje, za pokapljanje
- 250 g (9 oz) čebule, narezane na rezine
- kosmičasta morska sol in sveže mlet črni poper

NAVODILA:

a) Pečico segrejte na 230 °C/450 °F/plinska oznaka 8.
b) Piščanca močno začinite s soljo in poprom. Dajte v veliko skledo in potresite s timijanovimi listi in sesekljanim rožmarinom, nekaj pa prihranite za krompir. Dobro premešajte.
c) Krompir olupimo in narežemo na 1 cm (1/2 palca) debele krhlje. Posušite in dobro začinite s soljo, sveže mletim črnim poprom ter prihranjenim timijanom in sesekljanim rožmarinom. Dodajte v skledo s piščancem. Pokapajte z ekstra deviškim oljčnim oljem in še enkrat premešajte.
d) Narezano čebulo razporedimo po dnu pekača, cca. 37 x 31 x 2 cm (15 x 11 1/4 x 3/4 palca) ali dva manjša kositra pribl. 30 x 20 x 2,5 cm (11 x 8 x 1 palec). Na vrh naključno razporedite piščanca in krompir ter pazite, da krompir izstopa. Pokapljamo še z malo olivnega olja.
e) Pečemo 45 minut–1 uro ali dokler ni piščanec pečen in čips na robovih hrustljav. (Ekološki kosi piščanca so večji, zato je čas kuhanja lahko do 1 1/4 ure.)
f) Postrezite iz pločevinke, družinsko, z dobro zeleno solato in več zelenjave po vaši izbiri, če želite.

40. Testenine v enem lončku s paradižnikom in chorizom

Naredi: 6

SESTAVINE:
- 2 žlici (2 1/2 žlici) ekstra deviškega oljčnega olja
- 1 srednja čebula, narezana na rezine
- 1 strok česna, zdrobljen
- 1/2–1 rdečega čilija , sesekljanega
- 900 g (2 lb) zelo zrelih paradižnikov, olupljenih, poleti ali 2 1/2 x 400 g (14 oz) pločevink paradižnikov pozimi
- lupina 1 bio limone
- 1–2 žlički sesekljanega rožmarina, odvisno od moči okusa
- 225 g (8 oz) choriza, olupljenega in narezanega na kocke
- 850 ml (1 1/2 pinta) domače piščančje ali zelenjavne juhe
- 175 ml (6 fl oz / 3/4 skodelice) dvojne smetane
- 300–350 g (10–12 oz) fetučinijev ali špagetov
- 2 žlici (2 1/2 ameriški žlici) sesekljanega ploščatega peteršilja
- 30 g (1 1/2 oz) sveže naribanega parmezana
- kosmičasta morska sol
- sveže mlet črni poper in velik ščepec sladkorja po okusu

NAVODILA:

a) litrski (10 pint) kozici iz nerjavečega jekla segrejte olje . Dodajte čebulo in česen, premešajte, dokler ni prekrita, pokrijte in na rahlem ognju dušite, dokler ni mehka, vendar ne obarvana . Dodajte čili . Za uspeh te jedi je bistveno, da je čebula popolnoma mehka preden dodamo paradižnik .

b) Svež ali konzerviran paradižnik narežemo in dodamo čebuli z vsemi sokovi in limonino lupinico. Začinite s soljo, poprom in sladkorjem (konzervirani paradižnik potrebuje veliko sladkorja zaradi visoke kislosti). Dodajte rožmarin. Odkrito kuhajte še 10 minut oziroma dokler se paradižnik ne zmehča. Svež paradižnik kuhajte krajši čas, da ohranite živahen svež okus .

c) Dodajte chorizo, osnovo in smetano. Ponovno zavremo, dodamo testenine, nežno premešamo, da se prameni ločijo in preprečijo sprijemanje. Ponovno zavrite, pokrijte in kuhajte 4 minute ter pustite stati v tesno pokriti ponvi še 4–5 minut ali dokler ni ravno al dente. Ko dodate posušene testenine, se vam bo zdelo preveč, a pogumno, v minuti ali dveh se bodo zmehčale in se okusno skuhale v omaki.

d) Začinimo po okusu, potresemo z veliko sesekljanega peteršilja in naribanega parmezana. Postrezite.

41. Zelje in slanina

Naredi: 4 porcije

SESTAVINE:
- 2 majhni savojski kapusnici
- 8 trakov slanine
- Sol in poper
- 4 Cele jagode pimenta
- 300 mililitrov slanine ali piščančje juhe

NAVODILA:
a) Ohrovt prerežemo na pol in kuhamo 15 minut v slani vodi.
b) Odcedimo in namočimo v hladni vodi 1 minuto, nato dobro odcedimo in narežemo.
c) Dno posode obložimo s polovico trakov slanine, nato pa na vrh položimo zelje in dodamo začimbe. Dodajte toliko juhe, da je komaj pokrita, nato pa na vrh položite preostale trakove slanine.
d) Pokrito dušimo eno uro, da se večina tekočine vpije.

42. Pečen polnjen sled

Naredi: 4 porcije

SESTAVINE:
- 4 žlice krušnih drobtin (zvrhak)
- 1 čajna žlička sesekljanega peteršilja
- 1 majhno jajce, pretepeno
- 1 sok in lupina limone
- 1 ščepec muškatnega oreščka
- 1 Sol in poper
- 8 Sledi, očiščeni
- 300 mililitrov trdega jabolčnika
- 1 lovorov list, dobro zdrobljen
- 1 Sveže mlet poper

NAVODILA:
a) Najprej naredimo nadev tako, da zmešamo drobtine, peteršilj, stepeno jajce, limonin sok in lupinico ter sol in poper.
b) Z mešanico nadevajte ribe.
c) Položite v pekač, tesno skupaj; dodajte jabolčnik, zdrobljen lovorov list ter sol in poper.
d) Pokrijte s folijo in pecite pri 350 F približno 35 minut.

43. Dušena zelena

Naredi: 4 porcije

SESTAVINE:
- 1 glava zelene
- 1 srednja čebula
- 1 čajna žlička sesekljanega peteršilja
- 2 rezini slanine
- Zaloga 10 tekočih unč
- 1 x sol/poper po okusu
- 1 unča masla

NAVODILA:
a) Zeleno očistite, narežite na centimeter velike kose in položite v pekač.
b) Slanino in čebulo drobno nasekljamo in potresemo po zeleni skupaj s sesekljanim peteršiljem. Nalijte na zalogo. Pokapljajte s kosmiči masla. Posodo pokrijemo in pečemo v zmerni pečici 30-45 minut.

44. Losos s petimi začimbami s kislim zeljem

Naredi: 4 porcije

SESTAVINE:
- ½ funta irske slanine
- 1,00 žlica kuminih semen
- 1,00 velika čebula
- 1,00 Slivov paradižnik; sesekljan, z
- Semena in koža
- 2,00 funtov kislega zelja; po potrebi odcedite
- 12,00 unč svetlega piva
- ¼ skodelice koriandrovih semen
- ¼ skodelice semen kumine
- ¼ skodelice semen koromača
- ¼ skodelice semen črne čebule
- ¼ skodelice semen črne gorčice
- 4,00 Fileti lososa do 6 - (6 oz ea); skin on, cut
- Iz osrednjega dela
- ¼ skodelice rastlinskega olja

NAVODILA:
a) Slanino, kumino in čebulo dušimo pet do sedem minut ali dokler niso mehke, vendar ne obarvane.
b) Dodamo paradižnik, kislo zelje in pivo ter zavremo.
c) Ogenj zmanjšamo , da zavre in pokrito kuhamo eno uro. Pustite, da se ohladi in rezervirajte, dokler ni potrebno. V hladilniku bo shranjen do enega tedna, ne da bi se pokvaril. Losos: vsako začimbo na kratko zmešajte v mešalniku, da se razdrobi, vendar ne zmeljite v prah. Vse skupaj dobro premešamo v skledi. Vsak kos lososa navlažite z vodo na strani kože. Vsak kos potopite s kožo navzdol v mešanico začimb. Odstavite.
d) Medtem predhodno segrejte močno ponev ali ponev. Dodajte olje in nato dodajte koščke lososa, s kožo navzdol in pokrijte s tesno prilegajočim pokrovom. Pustite jih kuhati štiri minute samo na eni strani, za redke ribe. Po želji kuhajte dlje.
e) Odkrijte ponev in odstranite ribe na papirnate brisače, da se odcedijo.
f) K pekočemu kislemu zelju postrežemo lososa.

45. Česnova skuša

Naredi: 1 obrok

SESTAVINE:
- 4 skuše (ali 8 majhnih)
- 1 strok česna Začinjeno moko Maslo za cvrtje Limonin sok

NAVODILA:
a) Česen zelo drobno sesekljajte. Razdelite med ribe in dobro vtrite.
b) Skuše povaljamo v stepenem jajcu in nato v moki. Cvremo na maslu 4-5 minut na vsaki strani. Potresemo z limoninim sokom in postrežemo.

46. Vroče školjke na maslu

Naredi: 1 obrok

SESTAVINE:
- 2 pinti školjk
- 4 unče masla
- 1 Sol in poper
- 2 žlici sesekljanega drobnjaka

NAVODILA:
a) Školjke temeljito operemo pod tekočo vodo. Odstranite "brade" in zavrzite vse odprte školjke. Školjke damo v ponev in kuhamo na visoki temperaturi 7 ali 8 minut, dokler se školjke ne odprejo. Začinimo s soljo ali poprom. Položimo v servirni krožnik in prelijemo s kuhalnim sokom.
b) Potresemo s kosmiči masla in potresemo s sesekljanim drobnjakom. Postrezite s svežim črnim kruhom in maslom.

47. Irski krompir s cimetom

Naredi: 1 obrok

SESTAVINE:
- 8 unč Kremni sir, zmehčan
- 8 unč kokosa
- 1 škatla (1 lb) 10X sladkorja
- 1 žlica mleka
- 1 žlica irskega viskija (ali vanilije)
- Cimet

NAVODILA:
a) Zmešajte kremni sir in sladkor. Nato dodajte ostale sestavine (razen cimeta).
b) Razvaljajte v kroglice velikosti ¾". Povaljajte v cimetu. Pustite nekaj dni, da se strdi. Nato uživajte.

48. Irski svinjski hrbet z limono in zelišči

Naredi: 8 obrokov

SESTAVINE:
- 6 funtov svinjski hrbet brez kosti
- ½ skodelice sesekljanega peteršilja
- ¼ skodelice mlete čebule
- ¼ skodelice drobno naribane limonine lupine
- 1 žlica bazilike
- 3 strok česna
- ¾ skodelice olivnega olja
- ¾ skodelice suhega šerija

NAVODILA:
a) Svinjino posušite. Dobro zarežite z ostrim nožem.
b) V majhni skledi zmešajte peteršilj, čebulo, lupino, baziliko in česen.
c) Vmešajte ⅔ olja. Vtrite v svinjino.
d) Zavijemo v folijo in pustimo čez noč v hladilniku. Pustite svinjino stati na sobni temperaturi 1 uro pred pečenjem.
e) Pečico segrejte na 350 stopinj F. Svinjino namažite s preostalim oljčnim oljem. Postavite na rešetko v plitvi ponvi.
f) Pecite, dokler termometer za meso, vstavljen v najdebelejši del mesa, ne zabeleži 170 stopinj F, približno 2 uri in pol. Meso odstavite. Razmastite sokove ponve.
g) Sherry zmešajte v sok. Pokrijte in kuhajte na majhnem ognju 2 minuti.
h) Prenesite svinjino na krožnik. Okrasite s svežim peteršiljem in rezinami limone. Omako postrežemo posebej.

49. Irska svinjina v stoutu z začimbami

Naredi: 1 obrok

SESTAVINE:
- 6 unč rjavega sladkorja
- Česen
- Origano
- timijan
- Kis
- 2 žlički kamene soli
- 2 žlički mletega črnega popra
- 6 črnih oliv
- žajbelj
- 6 suhih sliv
- Fileti inčunov
- 2 žlici masla
- 2 žlici olivnega olja
- 1 čebula; narezana
- 1 unča Rouxa

NAVODILA:
a) Svinjini previdno odrežite lupino in jo odložite na stran. V vsakem členku naredite šest zarez. Žajbelj ovijte okoli oliv in vstavite v polovico zarez.
b) Inčune ovijte okoli suhih sliv in jih vstavite v druge luknje.
c) Za pripravo marinade preprosto dodajte vse sestavine za marinado v mešalnik in zmešajte v gladko pasto.
d) Če je pasta presuha, dodajte nekaj olja, da nastane pasta. Oba členka prelijemo z marinado in pustimo čez noč. Za kuhanje svinjine vzemite velik lonec in stopite 2 oz masla in 2 žlici oljčnega olja.
e) Meso pražite v loncu 5-8 minut in ga na polovici obrnite.
f) Dodamo narezano čebulo in preostale marinade.
g) Dodajte eno majhno steklenico stouta.
h) Kožo z členkov položite na vrh mesa, da nastane 'pokrov'. Lonec postavite v nizko pečico na 130C/plin2 za 3-4 ure. Zavrzite kožo. Mesu odstranite kosti, kar se mora zgoditi enostavno, nato pa ga položite v servirno skledo.
i) Preostale sokove zmešajte v mešalniku in precedite v lonec. Sok zavrite in dodajte mešanico, da se zgosti.
j) Prelijemo po mesu. Postrezite.

50. Postrvi pečene na irski način

Naredi: 4 porcije

SESTAVINE:
- 4 zelene čebule; narezana
- 1 zelena paprika; sesekljan
- ¼ skodelice margarine ali masla
- 1 skodelica mehkih krušnih drobtin
- ¼ skodelice svežega peteršilja; odrezano
- 1 čajna žlička limoninega soka
- 1 čajna žlička soli
- ¼ čajne žličke posušenih listov bazilike
- 4 cele postrvi; vlečena sol

NAVODILA:
a) Kuhajte in premešajte čebulo in poper v margarini, dokler se čebula ne zmehča; odstranite z ognja. Vmešajte krušne drobtine, peteršilj, limonin sok, 1 žličko. sol in baziliko.
b) Ribje votline natrite s soljo; v vsako nadevajte približno ¼ c. nadev. Ribe položite v pomaščen podolgovat pekač, 13 1/2x9x2 palcev.
c) Odkrito kuhamo pri 350 stopinjah. pečici, dokler se riba zlahka ne raztrga z vilicami, 30 do 35 minut.
d) Po želji ribe okrasite s češnjevimi paradižniki in peteršiljem.

ENOLONČNICE IN JUHE

51. Irska jagnjetina

SESTAVINE:
- 1-1½ kg ali 3,5 lbs jagnječjega vratu ali plečeta
- 3 velike čebule, drobno sesekljane
- Sol in sveže mlet črni poper
- 3-4 korenja, narezana na majhne koščke
- 1 por, narezan na majhne koščke
- 1 majhna repa/svečka/rutabaga, narezana na majhne koščke
- 10 majhnih mladih krompirjev, olupljenih in na četrtine narezanih, ali 2 velika krompirja, olupljena in narezana
- 1/4 manjšega nastrganega zelja
- Šopek peteršilja, timijana in lovorovih listov - povežite ga z vrvico, ki jo lahko pustite v
- Krpica Worcestershire omake

NAVODILA:

a) Lahko prosite svojega mesarja, da odreže meso s kosti in obreže maščobo, kosti pa obdržite ali to storite doma. Znebimo se maščobe in meso narežemo na kocke. Meso damo v lonec, ki ga napolnimo s hladno slano vodo in skupaj z mesom zavremo. Ko to zavre, ga odstavite z ognja in odcedite, jagnjetino sperite, da odstranite vse ostanke.

b) Medtem ko to vre, dajte v nov lonec kosti, čebulo, zelenjavo, ne pa krompirja ali zelja. Dodamo začimbe in zeliščni šopek ter zalijemo s hladno vodo. Ko je meso oprano, ga dodamo v ta lonec in dušimo eno uro. Vsake toliko časa boste morali odstraniti peno.

c) Po eni uri dodajte krompir in kuhajte enolončnico še 25 minut. Dodajte krompir in nadaljujte s kuhanjem 25 minut. V zadnjih 6-7 minutah kuhanja dodajte zelje.

d) Ko je meso mehko in razpada, odstranimo kosti in zeliščni šopek. Na tej točki poskusite enolončnico in dodajte Worcestershire omako po okusu ter postrezite.

52. Pečen pastinak na irski način

Naredi: 8 obrokov

SESTAVINE:
- 2½ funta pastinaka
- 2 unči masla ali slanine
- 3 žlice zaloge
- 1 x sol in poper
- 1 x ščepec muškatnega oreščka

NAVODILA:
a) Pastinak olupimo, razpolovimo in odstranimo olesenelo sredico. Kuhajte 15 minut. Postavite v pekač, odporen na pečico.
b) Prilijemo osnovo in jo potresemo s soljo, poprom in muškatnim oreščkom.
c) Pomažemo z maslom in pečemo 30 minut na nizki rešetki v zmerno ogreti pečici.

53. Irska juha iz morskih sadežev

SESTAVINE:
- 4 majhni fileji osliča približno 1lb/500g
- 2 fileja lososa kot zgoraj
- 1 kos prekajene ribe približno 1/2 lb/250 g
- 1 žlica rastlinskega olja
- 1 žlička masla
- 4 krompirji
- 2 korenčka
- 1 čebula
- 500 ml/2,25 skodelice ribje ali piščančje juhe
- 2 žlici posušenega kopra
- 250 ml/1 skodelica smetane
- 100 ml/1/2 skodelice mleka
- 4 žlice drobno narezanega drobnjaka

NAVODILA:
a) vzamemo in olupimo ter narežemo na majhne kocke. Korenček olupimo in narežemo na manjše kocke kot krompir.

b) Ribi odstranite kožo, če obstaja, in jo narežite na velike kose, med kuhanjem se bo razpadla.

c) Olje in maslo damo v globok lonec, nežno pražimo čebulo, krompir, koper in korenček približno 5 minut. V ponev vlijemo osnovo in pustimo vreti 1 minuto.

d) Vzemite pokrov lonca in dodajte smetano in mleko, nato pa ribe. Počasi dušite (ne vrejte), dokler ribe niso kuhane.

e) Postrezite z okrasom iz peteršilja In nekaj vašega domačega pšeničnega kruha.

54. Govedina in guinnessova enolončnica

SESTAVINE:
- 2 žlici. olje
- 1 kg rebrnega zrezka, dobro obreženega in narezanega na kocke
- 2 čebuli, narezani na tanke rezine
- 2 stroka česna, sesekljan
- 1 žlica mehkega temno rjavega sladkorja
- 1 žlica navadne moke
- 125 ml Guinnessa
- 125 ml vode
- Vejica timijana
- 1 žlica rdečega vinskega kisa
- 1 žlica dijonske gorčice
- Ščepec mletih nageljnovih žbic
- Sol in črni poper
- 1 kg krompirja, olupljenega in narezanega na srednje velike kose
- 250 g sesekljanega zelja
- 100 ml mleka
- 100 g masla
- Sol in sveže mlet črni poper

NAVODILA:

a) Pečico segrejte na 160 °C (325 °F). Medtem ko se to segreva , v ponev vlijemo nekaj olja in prepražimo govedino, poskrbimo, da je vsak kos zaprt z vseh strani.

b) Odstranite meso in ga odstavite, nato dodajte čebulo in česen ter kuhajte nekaj minut, nato pa potresite moko in sladkor. To dobro premešajte, da vpije ves sok v ponvi, nato pa ob stalnem mešanju postopoma dodajte Guinness.

c) Ko je to dobro premešano in gladko, dodajte kis, gorčico, nageljnove žbice, začimbe in timijan ter zavrite. Meso damo v enolončnico in ga nato dodamo v posodo.

d) Posodo pokrijemo s pokrovom in pečemo v pečici 1 uro in pol, dokler se meso ne zmehča.

e) Dodamo timijan, vinski kis, gorčico, mlete nageljnove žbice in začimbe; zavremo in z njo prelijemo meso v loncu. Pokrijte in pecite v pečici 1 uro in pol ali dokler se meso ne zmehča. Približno 20 minut pred koncem časa kuhanja dodajte zelje in krompir v enolončnico in nadaljujte s kuhanjem.

f) Postrezite, ko je meso mehko, kot različico lahko izpustite krompir in ga postrežete kot pire z enolončnico na vrhu.

55. Irsko-mehiška pečenka

Naredi: 8 obrokov

SESTAVINE:
- 3 funte puste goveje pečenke brez kosti
- 1½ čajne žličke čilija v prahu
- 1 čajna žlička mlete kumine
- 1 čajna žlička rdeče paprike
- ½ čajne žličke česna v prahu
- ¼ čajne žličke črnega popra
- ½ čajne žličke posušenega origana Pam ali 1 žlica. olivno olje
- 1 srednje velika čebula, narezana
- 1 srednje velika paprika, narezana
- 1 korenček, narezan
- 5 6 Red Bliss krompirjev, opranih in prerezanih na pol
- 1½ skodelice konzerviranih zdrobljenih paradižnikov
- Zmešajte čili v prahu, kumino, rdečo papriko, črni poper in origano.

NAVODILA:
a) Na pečenki naredite majhne zareze. V vsako zarezo vstavite mešanico začimb. Prihranite nekaj mešanice začimb, da jo dodate v omako. Razpršite nizozemsko pečico s Pam; postavite na srednji ogenj. Meso zapečemo na obeh straneh.
b) Dodajte čebulo, papriko in korenček ter toliko vode, da pokrije dno ponve.
c) pokrov; pečemo v pečici pri 350 stopinjah 1 uro. Dodamo zdrobljen paradižnik in krompir; nadaljujte s kuhanjem še 1 uro ali dokler meso ni mehko in krompir kuhan. Pečeno odstranite na servirni krožnik in narežite.
d) Okoli pečenke razporedite zelenjavo. Omako postrezite posebej.

56. Piščančja enolončnica s cmoki

Naredi: 4

SESTAVINE:
- 1 piščanec, razrezan na 8 kosov
- 15 g/. oz (2 žlici) navadne (univerzalne) moke
- 2 žlici repičnega olja (canola).
- 15 g/. oz (1 žlica) masla
- 1 čebula, sesekljana
- 4 listi žajblja
- po eno vejico rožmarina in timijana
- 2 korenčka, sesekljana
- 250 ml/8 fl oz (1 skodelica) jabolčnika (trdi jabolčnik)
- 1 liter /34 fl oz (4. skodelice) piščanca
- zaloga (juha)
- 1 čajna žlička morske soli
- sveže mlet črni poper
- sesekljan ploščat peteršilj, za okras Za cmoke
- 350 g/12 oz (2. skodelice) navadne (univerzalne) moke, presejane
- 50 g/2 oz (4 žlice) hladnega masla, naribanega
- 1 čajna žlička pecilnega praška
- 350 ml/12 fl oz (1. skodelice) mleka
- morska sol

NAVODILA:
a) Kose piščanca začinimo z vso soljo in malo popra ter potresemo z moko.
b) V veliki ponvi z debelim dnom ali lončku (nizozemska pečica) segrejte olje na srednje močnem ognju in pražite kose piščanca v serijah približno 5 minut, dokler niso zlato rjavi. Piščanca odstavimo in ponev obrišemo.
c) V ponvi raztopimo maslo in dodamo čebulo, žajbelj, rožmarin in timijan. Pražimo 3-4 minute, da se čebula zmehča, nato dodamo korenček. Deglazirajte ponev z jabolčnikom in zavrite.
d) Piščanca in sok vrnite v ponev ter zalijte z juho. Kuhajte na srednje nizkem ognju približno 25–30 minut, dokler ni piščanec pečen brez znakov rožnate barve in se iz njega izcedi sok.

e) Medtem, da naredite cmoke, zmešajte moko in maslo v skledi s pecilnim praškom in soljo. Dodajte mleko, da dobite ohlapno testo. V ponev s piščancem v zadnjih 5–10 minutah kuhanja dodajte žlice zmesi za cmoke, pri čemer cmoke do polovice obrnite, da se zapečejo na obeh straneh.
f) Dodamo peteršilj in postrežemo.

57. Kremna juha iz školjk

Naredi: 4 porcije

SESTAVINE:
- ¾ pinte školjk
- 3 skodelice hladne vode
- 2 unči masla
- 1 unča moke
- ½ skodelice enojne smetane
- 1 x sol in poper

NAVODILA:
a) Školjke temeljito operemo. Segrevajte v suhi sušilni ponvi, dokler se lupine ne odprejo. Školjke olupimo in olupimo.
b) V kozici stopimo maslo, dodamo moko in pražimo 1 ali 2 minuti. Odstranite z ognja in vmešajte vodo ter vso tekočino, ki je ostala iz ponve.
c) Solimo in popramo, zavremo, pokrijemo in pustimo vreti 10 minut. Odstranite z ognja.
d) Vmešamo školjke in smetano. Prilagodite začimbe in takoj postrezite.

58. Dublinska dušena svinjina

Naredi: 4 porcije

SESTAVINE:
- 1½ funta svinjskih kosov
- 2 funta Kuhanje jabolk
- 1 funt čebule
- 1 žlica rjavega sladkorja
- ¾ skodelice juhe ali vode
- ¾ skodelice smetane
- 1 x začinjena moka
- 1 x maslo ali slanina

NAVODILA:
a) Meso in čebulo narežite na grobe kose. Razpustimo mast ali maslo in na njem rahlo prepražimo čebulo, da se zmehča. Odstranite iz pekača. Meso stresemo v začinjeno moko in na hitro prepražimo na maščobi. V lonec damo čebulo, meso, osnovo in sladkor ter pokrito dušimo uro in pol.
b) Jabolka olupimo, odstranimo sredico in nasekljamo. Dodajte v lonec. Nadaljujte s kuhanjem, dokler jabolka niso ravno kuhana, vendar ne preveč kašasta.
c) Dodamo smetano in segrejemo. NE KUHAJTE! Popravite začimbe in postrezite.

59. Sveža grahova juha

Naredi: 6 obrokov

SESTAVINE:
- 350 gramov sveže oluščenega graha
- 2 žlici masla
- 1 vsaka Srednje velika čebula, sesekljana
- 1 glava solate ledene gore/nasekljana
- 1 vsaka vejica mete, sesekljana
- 1 vsaka vejica peteršilja, sesekljana
- 3 trakovi slanine, narezani
- 1½ litra šunke
- 1 x sol in poper
- 1 x sladkor
- 1 x sesekljan peteršilj

NAVODILA:
a) Ko grah oluščimo, stroke prihranimo, operemo in damo kuhat v šunkovo osnovo med pripravo juhe. V večji kozici segrejemo maslo in v njem zmehčamo čebulo, dodamo solato, meto in peteršilj. Slanino olupimo in nasekljamo.
b) Pražimo ga približno 2 minuti in ga občasno obrnemo; dodamo v ponev z grahom, soljo, poprom in malo sladkorja. Precedite juho in dodajte.
c) Med mešanjem zavremo in pustimo vreti približno pol ure, da se grah čisto zmehča.
d) Okrasite s sesekljanim peteršiljem ali meto.

60. Instant irska kremna krompirjeva juha

Naredi: 6 obrokov

SESTAVINE:
- 1 skodelica krompirja; olupljen in narezan na kocke
- 1 skodelica čebule; narezan na kocke
- 1 skodelica korenja; narezan na kocke
- 2 žlici svežega kopra; sesekljan ALI
- 1 žlica posušenega kopra
- ¼ čajne žličke mletega belega popra
- 1 čajna žlička granuliranega česna ALI
- 2 žlički svežega česna; mleto
- 3 žlice koruznega olja
- 4 skodelice vode
- 2¼ skodelice lahkega sojinega mleka
- 2 žlici zelenjavne juhe v prahu
- 1 skodelica instant pire krompirjevih kosmičev

NAVODILA:
a) V srednje veliki ponvi na srednjem ognju 6 minut pražite krompir, čebulo, korenje , papriko , koper in česen.
b) Dodajte vodo, sojino mleko in juho v prahu.
c) Počasi dodajajte krompirjeve kosmiče in neprestano stepajte, da zagotovite enakomerno razpršitev. Zmanjšajte toploto na nizko in med občasnim mešanjem kuhajte, dokler krompir ni kuhan in mešanica ni vroča, približno 15 minut.

61. Juha iz repe in slanine

Naredi: 4 porcije

SESTAVINE:
- ¼ funta Progasta slanina, brez olupkov
- ¼ funtov sesekljane čebule
- ¼ funta sesekljanega krompirja
- ¾ funtov sesekljane repe
- 2 pinti zaloge
- 1 x maščoba za cvrtje

NAVODILA:
a) Slanino in čebulo sesekljamo in prepražimo.
b) Dodamo krompir, repo in osnovo. Na nežnem kuhanju zelenjava ni mehka.
c) Prilagodite začimbe in postrezite.

ZAČIMBE

62. Vrečka za irske začimbe

SESTAVINE:
- 1 žlička morske soli
- 1 žlica kitajskih pet začimb
- ½ žličke česna v prahu
- ½ žličke čilija v prahu

NAVODILA:
a) Vse sestavine dajte v vrečko z zadrgo in pretresite.
b) Zdaj lahko to mešanico dodate v svojo vrečko Dublin Spice, ki naj bo sestavljena iz ocvrte čebule in paprike ter nekaj kosov piščanca ali ostankov piščanca iz pokovke.

63. Ingverjeva marmelada

Naredi: 8 obrokov

SESTAVINE:
- 2 funta grenkih pomaranč
- 2 limoni
- 1 unča korenine ingverja
- 140 tekočih unč vode
- 8 unč konzerviranega ingverja, sesekljanega
- 7 funtov granuliranega sladkorja

NAVODILA:
a) Počasi kuhajte 1½ do 2 uri ali dokler lupina ni povsem mehka. Odstranite vrečko pulpe in dodajte ohranjen ingver.
b) Odmerite tekočino, dodajte sladkor in na nizkem ognju mešajte, dokler se ne raztopi.
c) Hitro zavrite do nastavitvene temperature: nato lahko kot običajno.

64. Omaka za špagete, na irski način

Naredi: 8 obrokov

SESTAVINE:
- ½ skodelice čebule, sesekljane
- 1 strok česna, mlet
- 3 žlice olivnega olja
- 3 žlice masla
- 1 funt okrogle mlete (ali druge puste
- ½ skodelice suhega rdečega vina (bordo?)
- 1 skodelica paradižnikove mezge
- 1 skodelica piščančje juhe
- ¼ čajne žličke muškatnega oreščka

NAVODILA:
a) Na mešanici masla in olja prepražimo čebulo in česen . Dodamo meso, zapečemo.
b) Prilijemo vino in dušimo, dokler polovica vina ne izpari. Dodamo pire, piščančjo juho in muškatni oreššček, premešamo, pokrijemo in dušimo 1 uro. Če je redkejša, kot želite, jo odkrijte in dušite, dokler ni želena gostota.
c) Postrezite čez špagete ali školjke.

SLADICE

65. Irski rumeni mož

SESTAVINE:
- 1 oz masla
- 8 oz rjavega sladkorja
- 1 lb zlatega sirupa
- 1 desertna žlica vode
- 1 čajna žlička kisa
- 1 čajna žlička sode bikarbone

NAVODILA:
a) V ponvi stopite maslo, nato dodajte sladkor, zlati sirup, vodo in kis.
b) Mešajte dokler se vse sestavine ne stopijo .
c) Vmešamo sodo bikarbono, ko se mešanica speni vlijemo na pomaščen, toplotno odporen pekač, robove pa zavihamo s paletnim nožem.
d) Ko je dovolj ohlajen, da ga lahko uporabljate, povlecite z rokami, namazanimi z maslom, dokler ne postane blede barve .
e) Ko je popolnoma strjen, ga zlomite na grobe koščke in zdaj je vaš rumeni mož pripravljen za uživanje.

66. Čokoladni puding s praženimi lešniki

Naredi: 6 - 8
SESTAVINE:
- 150 g (5 oz/1 1/4 palčke) nesoljenega masla, plus dodatek za mazanje
- 150 g (5 oz) kakovostne čokolade (uporabljam 52 % kakavovih delcev)
- 1 čajna žlička vanilijevega ekstrakta
- 150 ml (5 fl oz / velikodušna 1/2 skodelice) tople vode
- 100 g (3 1/2 oz/manjka 1/2 skodelice) sladkorja v prahu
- 4 ekološka jajca iz proste reje
- 25 g (1oz/1/5 skodelice) samonaraščajoče moke
- sladkor v prahu, v prah
- 225 ml (8 fl oz /1 skodelica) nežno stepene smetane ali crème fraiche, pomešane z 1 žlico (1 ameriška žlica + 1 čajna žlička) lešnikovega likerja Frangelico
- nekaj praženih lešnikov, grobo sesekljanih

NAVODILA:

a) Pečico segrejte na 200 °C/400ºF/plinska oznaka 6 in namastite 1,2-litrski (2 pinta) pekač za pito z malo masla.

b) Čokolado nasekljajte na majhne koščke in skupaj z maslom stopite v posodi iz Pyrexa, ki jo postavite nad ponev z vročo, a ne vrelo vodo. Takoj, ko se čokolada stopi, posodo odstavite z ognja in dodajte vanilijev ekstrakt. Vmešajte toplo vodo in sladkor ter mešajte do gladkega.

c) Jajca ločimo in rumenjake penasto vmešamo v čokoladno zmes. Nato vmešajte presejano moko in pazite, da ni grudic.

d) V ločeni skledi stepemo beljake v trd sneg, nato pa jih nežno vmešamo v čokoladno mešanico. Čokoladno zmes vlijemo v z maslom namazan pekač.

e) Posodo postavite v toplo vodo in nalijte toliko vrele vode, da pride do polovice sten posode. Pečemo 10 minut. Nato temperaturo znižajte na 160°C\325°F\Plinska oznaka 3 za nadaljnjih 15–20 minut ali dokler puding ni čvrst na vrhu, vendar še vedno mehak in puhast spodaj ter sočen na dnu.

f) Postavite na stran, da se nekoliko ohladi, preden ga potresete s sladkorjem v prahu. Postrezite toplo ali hladno, posuto s praženimi lešniki, zraven pa kremo Frangelico ali crème fraîche .

67. Pečena rabarbara

Naredi: 6

SESTAVINE:
- 1 kg (2 1/4 lb) rdeče rabarbare
- 200–250 g (7–9 oz) granuliranega sladkorja
- 2-3 čajne žličke sveže sesekljanih zelišč
- sladoled, labneh ali gosta Jersey krema za serviranje

NAVODILA:
a) Po potrebi porežite stebla rabarbare. Rabarbaro narežite na 2,5 cm (1 palec) kose in jih razporedite v eno plast v 45 x 30 cm (18 x 12 palcev) nereaktivni pekač. Po rabarbari potresemo sladkor in pustimo macerirati 1 uro ali več, dokler ne začne teči sok.

b) Pečico segrejte na 200°C/plinska oznaka 6.

c) Rabarbaro pokrijemo s peki papirjem in pečemo v pečici 10–20 minut, odvisno od debeline stebel, dokler se rabarbara ravno ne zmehča. Pozorno spremljajte rabarbaro, saj lahko zelo hitro razpade

d) Postrezite toplo ali hladno s sladoledom, labnehom ali gosto kremo Jersey.

68. Puding iz karagenskega mahu

Naredi: 8

SESTAVINE:
- 3 žlice svežega karagena
- 4 skodelice mleka
- 2 rumenjaka
- 2 žlici medu in dodatek za postrežbo
- čebelji cvetni prah, za postrežbo (neobvezno)

NAVODILA:
a) Operite karagen, če uporabljate svež, ali rehidrirajte, če uporabljate posušen, po navodilih na embalaži. V srednji ponvi na srednje nizki temperaturi segrejte mleko s karagenom.
b) V manjši skledi stepite rumenjake in med, nato pa jajčno mešanico vlijte v mleko in mešajte približno 10 minut, dokler se ne zgosti.
c) Vlijemo v modelčke ali sklede in pustimo v hladilniku nekaj ur, da se strdi.
d) Za serviranje pokapljajte z malo dodatnega medu in potresite čebelji cvetni prah, če ga uporabljate.

69. Puding iz kruha in masla

Naredi: 6

SESTAVINE:
- 1 ¾ žlice mleka
- 250 ml/8 fl oz (1 skodelica) dvojne (težke) smetane
- 1 čajna žlička mletega cimeta
- sveže nariban muškatni orešček po okusu
- 3 jajca
- 75 g/ 2 . oz (./. skodelice) strjenega (superfinega) sladkorja
- 50 g/2 oz (4 žlice) masla, plus dodatek za mazanje
- 10 rezin mehkega belega kruha
- 75 g/ 2 . oz (. skodelica) sultanke (zlate rozine)
- sladkor v prahu (slaščičarski) za posipanje

NAVODILA:
a) Pekač namastimo.
b) Mleko in smetano damo v manjšo ponev na srednji ogenj ter dodamo cimet in muškatni orešček. Zavremo, nato odstavimo z ognja.
c) V skledi penasto stepemo jajca s sladkorjem in zmes prelijemo čez smetano. Mešajte, da se združi.
d) Kruh namažite z maslom na obeh straneh in rezine položite v pripravljeno posodo v plasteh s sultankami (zlatimi rozinami). Kremo prelijemo čez kruh in pustimo stati 30 minut.
e) Pečico segrejte na 180C/350F/plinska oznaka 4.
f) Puding pečemo v ogreti pečici 25 minut, dokler ni zlato rjav in se krema strdi. Pred serviranjem potresemo z malo sladkorja v prahu (slaščičarskega).

70. Zažgane pomaranče

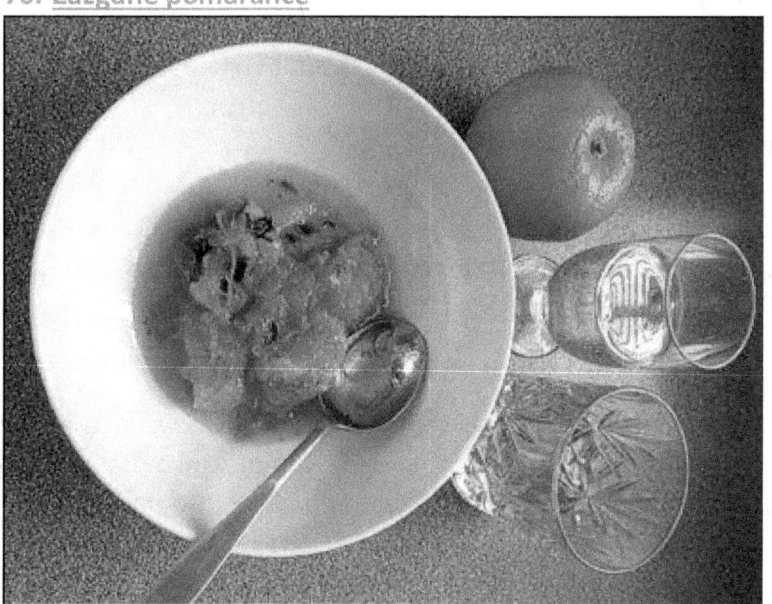

Naredi: 4 porcije

SESTAVINE:
- 4 velike pomaranče
- 150 mililitrov sladkega belega vina
- 1 žlica masla
- 8 žlic sladkorja
- 300 mililitrov sveže stisnjenega pomarančnega soka
- 2 žlici viskija (ogretega)

NAVODILA:
a) Pomaranče previdno na tanko olupimo. Nato z ostrim nožem odstranite čim več peščic in bele lupine, tako da pomaranče ostanejo nedotaknjene. Tanko lupino narežemo na tanke trakove in zalijemo z vinom.
b) Pomaranče zložimo v pekač. Na vsakega damo malo masla, ga nežno potlačimo, nato pa vsakega potresemo z žličko sladkorja. Postavite v pečico na 400 F za 10 minut ali dokler sladkor ne karamelizira.
c) Medtem v kozici zmešamo pomarančni sok s sladkorjem in zavremo. Znižajte ogenj in pustite, da postane sirupasto, brez mešanja. Dodamo mešanico pomarančne lupinice in vina ter ponovno zavremo, nato na hitro kuhamo, da se rahlo zredci in zgosti.
d) Vzemite pomaranče iz pečice in jih, če niso povsem popečene, za nekaj minut postavite pod zmeren brojler. Prelijemo jih s segretim viskijem in postavimo na ogenj. Ko plameni ugasnejo, dodajte pomarančni sirup in pustite vreti približno 2 minuti.
e) Postrezite takoj ; ali pa jo postrežemo hladno.

71. Irska kremna torta

Naredi: 8 obrokov

SESTAVINE:
- 1 rumena mešanica za torte
- 4 jajca
- ½ skodelice hladne vode
- ½ skodelice Irish Cream likerja
- 1 paket mešanice za instant vaniljev puding
- ½ skodelice olja
- 1 skodelica sesekljanih opečenih orehov orehov

GLAZURA
- 2 unči masla
- ½ skodelice sladkorja
- ⅛ skodelice vode
- ¼ skodelice Bailey's Irish Cream

NAVODILA:
a) Zmešajte vse sestavine, razen oreščkov, stepajte, dokler se dobro ne premešajo, vmešajte oreščke. Vlijemo v pomaščen in pomokan pekač za 12 skodelic in pečemo pri 325F 1 uro ali dokler testi niso končani.
b) Pecite torto 15 minut in jo obrnite na rešetko. Sestavine za glazuro segrejte dokler se ne stopi.
c) Z vilicami za meso naredite luknje v torti in toplo torto premažite z ½ mešanice za glazuro.
d) Ko je kolač pečen, ga premažite s preostalo mešanico glazure.

72. Irski kremni tartufi Baileys

Naredi: 16 obrokov

SESTAVINE:
- ¼ skodelice Baileys Irish Cream
- 12 unč polsladkih zalogajev čoka
- ¼ skodelice težke smetane
- 1 žlica sladkega masla
- 2 rumenjaka

NAVODILA:
a) stopite čokolado , Baileys in smetano. Enega za drugim stepamo rumenjake, zmes se bo zgostila.
b) Stepemo maslo.
c) Hladite čez noč ali dokler se ne strdi. Z žlico naredite majhne kroglice.
d) Povaljajte v sladkorju v prahu, kakavu, sesekljanih oreščkih, posipu itd.

73. Piščanec in porova pita

Naredi: 4 porcije

SESTAVINE:
- 6 unč krhkega testa
- 1 piščanec, približno 4 lb
- 4 rezine zrezka šunke
- 4 večji por, očiščen/nasekljan
- 1 čebula
- Sol in poper
- 1 ščepec mlete mace ali muškatnega oreščka
- 300 mililitrov piščančje juhe
- 125 mililitrov dvojne smetane

NAVODILA:
a) Naredite pecivo in ga pustite počivati na hladnem.
b) V globok 1–1½ litrsko posodo položite plasti piščanca, šunke, pora in čebule ali šalotke, dodajte mace, muškatni oreščki in začimbe, nato pa plasti ponavljajte, dokler posoda ni polna. Dodamo osnovo, nato navlažimo robove pekača, preden testo razvaljamo na želeno velikost.
c) Testo položimo na pito in robove dobro stisnemo. Z vilicami jih zmečkajte.
d) Na sredini naredite majhno luknjo. Razvaljajte ostanke testa in oblikujte list ali rožico za vrh. To zelo rahlo položite na majhno luknjo. Pecivo premažite z mlekom in pecite na zmerni temperaturi, 350F, 25-30 minut.
e) Pecivo pokrijte z vlažnim papirjem za maščobo, ko je delno pečeno, če se vam zdi, da je vrh preveč rjav.
f) Smetano rahlo segrejemo. Ko je pita pečena, jo vzamemo iz pečice.
g) Previdno dvignemo rožico in skozi luknjico vlijemo kremo. Vrnite rožico in postrezite.

74. Čevljar trske

Naredi: 6 obrokov

SESTAVINE:
- 1½ funta filejev trske brez kože
- 2 unči masla
- 2 unči moke
- ½ litra mleka
- 3½ unče naribanega sira
- 2 unči naribanega sira (za kolačke)
- 2 unči masla (za kolačke)
- 1 čajna žlička pecilnega praška (za kolačke)
- 1 ščepec soli (za kolačke)
- 1 jajce (za kolačke)

NAVODILA:
a) Fileje polenovke položimo na dno okroglega pekača. Naredite sirovo omako iz po 2 oz masla in moke, ½ l mleka in 3½ oz naribanega sira: prelijte čez ribe. Nato pripravite testo za pogače. V 8 kosov moke vtrite 2 oz masla z 1 žličko pecilnega praška in ščepcem soli.
b) Dodajte 2 oz naribanega sira, po možnosti zrelega čedarja ali mešanice tega in parmezana. V zmes vmešamo 1 rumenjak in dodamo toliko mleka, da dobimo primerno testo.
c) Razvaljajte na ½ palca debeline in z rezalnikom za kolačke narežite na majhne kroge.
d) Te kroge položite na vrh omake, tako da skoraj pokrijejo površino; jih postekleni z malo mleka, čez jih potresi še malo naribanega sira in peci v vroči pečici (450 F) 25-30 minut, da so kolački zlato rjavi.

75. Glazirana irska čajna torta

Naredi: 10 obrokov

SESTAVINE:
- ¾ skodelice nesoljenega masla sobne temperature
- 1 skodelica sladkorja
- 2 žlički vanilije
- 2 jajci
- 3 unče kremnega sira
- ½ skodelice slaščičarskega sladkorja, presejanega pri sobni temperaturi
- 1¾ skodelice moke za torte
- 1¼ čajne žličke pecilnega praška
- ¼ čajne žličke soli
- 1 skodelica posušenega ribeza
- ⅔ skodelice pinjenca
- 2 žlički svežega limoninega soka

NAVODILA:
a) PEČICO PREGREJTE NA 325 F, z rešetko na sredini pečice. Izdatno namastite 9-palčni (prostornina 7 skodelic) pekač za hlebce. Poprašite z moko; ponev potrkajte nad umivalnik, da odstranite odvečno moko.
b) Odrežite kos pergamentnega papirja ali povoščenega papirja, da se prilega dnu pekača. Dati na stran. ZA TORTO z mešalnikom penasto stepite maslo, sladkor in vanilijo. Dodajte jajca, 1 naenkrat, in vsako stepajte do puhastega. Dodajte kremni sir. Mešajte, dokler se dobro ne poveže.
c) Skupaj presejemo moko, pecilni prašek in sol. Ribez dajte v majhno skledo. Ribezu dodajte ¼ skodelice mešanice moke. Mešajte ribez, dokler ni dobro prevlečen.
d) Dodajte preostalo moko v testo, izmenično s pinjencem. Mešajte do gladkega. Z leseno žlico vmešajte ribez in vso moko.
e) Mešajte, dokler se dobro ne poveže. Prenesite testo v pripravljen pekač. Gladko površino z lopatico. Pecite, dokler dobro ne porjavi in zobotrebec, zaboden v sredino, ne postane čist, približno 1 uro in 25 minut. Torta bo na vrhu razpokala. Torto pustimo počivati v pekaču 10 minut. Uporabite gibljivo kovinsko lopatico, da torto ločite od stranic pekača.
f) Previdno odstranite torto iz pekača na rešetko za hlajenje. Toplo torto namažemo z glazuro. Pustite, da se torta popolnoma ohladi. Torto lahko hranite 3 dni pri sobni temperaturi v foliji.
g) Torto lahko tudi zamrznete do 3 mesece, nepredušno zavito.
h) ZA GLAZURO v majhni skledi zmešajte sladkor in limonin sok. Mešajte do gladkega.

76. Kisli žele zelenega irskega viskija

Naredi: 1 obrok

SESTAVINE:
- 2 majhni škatli želatine z okusom limone in limete
- 2 skodelici vrele vode
- 1½ skodelice hladne vode
- ½ skodelice irskega viskija

NAVODILA:
a) Vse združite.

77. Irska čokoladna torta

Naredi: 1 obrok

SESTAVINE:
- 1 jajce
- ½ skodelice kakava
- 1 skodelica sladkorja
- ½ skodelice olja
- 1½ skodelice moke
- 1 čajna žlička sode
- ½ skodelice mleka
- ½ skodelice tople vode
- 1 čajna žlička vanilije
- ¼ čajne žličke soli
- 1 Stisnite maslo
- 3 žlice kakava
- ⅓ skodelice Coca cole
- 1 funt slaščičarskega sladkorja
- 1 skodelica sesekljanih orehov

NAVODILA:
a) Zmešajte sladkor in kakav, dodajte olje in jajce, dobro premešajte . Združite sol in moko, dodajte izmenično s tekočimi zmesmi in dobro premešajte. Dodajte vanilijo.
b) Pecite v plasteh ali pekaču za torte pri 350 °C 30-40 minut.
c) Zaledenitev: V ponvi zmešajte maslo, kolo in kakav. Segrejemo do vrelišča, odstavimo gorilnik, dodamo sladkor in orehe ter dobro stepemo. Namažite na torto.

78. Irska kavna torta

Naredi: 10 obrokov

SESTAVINE:
- 2 skodelici nesoljenega masla
- 1 skodelica sladkorja
- ¾ skodelice močne vroče kave
- ¼ skodelice irske kremne pijače
- 16 unč polsladke temne čokolade
- 6 jajc; sobna temp
- 6 rumenjakov; sobna temp

NAVODILA:
a) Postavite stojalo na sredino pečice in segrejte na 325 F. Velikodušno namastite 8" vzmetni pekač in dno obložite s pergamentom ali povoščenim papirjem. Papir namažite z maslom in pomokajte.
b) V težki 3-litrski ponvi na nizkem ognju stopite maslo s sladkorjem, kavo in alkoholnimi pijačami ter mešajte, dokler se sladkor ne raztopi. Dodamo čokolado in mešamo do gladkega. Odstranite z ognja.
c) Z električnim mešalnikom stepajte jajca in rumenjake v veliki skledi, dokler se volumen ne potroji in ko jih dvignete, oblikujte trakove. Stepite v čokoladno zmes. Testo vlijemo v pripravljen pekač. Ponev postavite na težak pekač. Pecite, dokler se robovi ne napihnejo in rahlo počijo, sredina pa ni povsem strjena (približno 1 uro). Ne prepecite preveč (torta se strdi, ko se ohladi). Prenesite na rešetko in ohladite. Pokrijte in hladite čez noč.
d) Z majhnim ostrim nožem potegnite po stenah pekača, da jih zrahljate. Previdno sprostite stranice. Postavite na krožnik in postrezite v majhnih porcijah.

79. Irish cream zamrznjeni jogurt

Naredi: 6 obrokov

SESTAVINE:
- 2 žlici vode
- 1 čajna žlička želatine brez okusa
- 3 unče polsladke čokolade, grobo narezane
- ¾ skodelice mleka z nizko vsebnostjo maščob
- ¼ skodelice lahkega koruznega sirupa
- ¼ skodelice sladkorja
- 3 žlice Bailey's Irish Cream likerja
- 1 skodelica zmešanega navadnega nemastnega jogurta
- 1 jajčni beljak
- ⅓ skodelice vode
- ⅓ skodelice nemastnega suhega mleka

NAVODILA:
a) V majhni ponvi zmešajte 2 tb vode in želatine: pustimo stati 1 minuto. Mešajte na majhnem ognju, dokler se želatina ne raztopi; dati na stran. V med ponvi zmešajte čokolado, mleko, koruzni sirup in sladkor.
b) Kuhajte in mešajte na majhnem ognju, dokler zmes ni gladka. Vmešajte mešanico raztopljene želatine; kul. Dodamo Irish Cream in jogurt. Jajčni beljak, ⅓ skodelice vode in nemastno suho mleko stepemo v trd, vendar ne suh.
c) Vmešajte v jogurtovo mešanico.
d) Zamrznite v aparatu za sladoled po navodilih proizvajalca.

80. Irska kremna bučna pita

Naredi: 1 obrok

SESTAVINE:
- 1 9-palčna globoka skorja za pito (lasta ali zamrznjena)
- 1 jajce, rahlo stepeno
- 1 skodelica buče
- ⅔ skodelice sladkorja
- 1 čajna žlička mletega cimeta
- 1 čajna žlička vanilije
- ¾ skodelice evaporiranega mleka
- 8 unč kremnega sira pri sobni temp
- ¼ skodelice sladkorja
- 1 jajce
- 1 čajna žlička vanilije
- 1 žlica Baileys Irish Creme

NAVODILA:
a) Pečico segrejte na 400D.
b) Za bučni nadev zmešajte vse sestavine, dokler niso dobro premešane in gladke.
c) Dati na stran. Za kremni nadev stepite sir in sladkor do gladkega.
d) Dodajte jajce in stepajte, dokler se dobro ne vključi. Dodajte vanilijo in irsko kremo ter mešajte do gladkega.
e) Sestavljanje: polovico bučne mešanice vlijemo v lupino za pito. Na bučo z žlico naložimo polovico kremne mešanice. Ponovite s preostalim nadevom. Nežno zavrtite nož, da ustvarite učinek marmorja. Pečemo pri 400 30 minut. Znižajte temperaturo na 350D in pokrijte robove skorje, če prehitro porjavi.
f) Pečemo še 30 minut. Pita mora biti na sredini napihnjena, na vrhu pa ima lahko eno ali dve razpoki.
g) Odstranite iz pečice in popolnoma ohladite. Lahko jo ohladimo in po vrhu premažemo stepeno smetano.

81. Irska jig sladica

Naredi: 6 obrokov

SESTAVINE:
- 2 žlici viskija
- 2 žlici sladkorja
- 1 čajna žlička slaščičarskega sladkorja
- 2 skodelici močne smetane za stepanje
- ½ čajne žličke ekstrakta vanilije
- 1 skodelica kokosovih makronov

NAVODILA:
a) Makrone zdrobimo in odstavimo. Prepričajte se, da je smetana za stepanje temeljito ohlajena , prav tako skleda in nastavki za stepanje.
b) Zmešajte vse sestavine razen makronov. Stepajte, dokler ne nastanejo trdi vrhovi. Zložite ¾ skodelice zdrobljenih makronov. Nalijte v 6-8 desertnih kozarcev.
c) Potresemo z dodatnimi makroni. Postrezite takoj.

82. Piškoti iz irske čipke

Naredi: 1 obrok

SESTAVINE:
- 1 palica nesoljenega masla; zmehčano (1/2 skodelice)
- ¾ skodelice trdno pakiranega svetlo rjavega sladkorja
- 2 žlici večnamenske moke
- 2 žlici mleka
- 1 čajna žlička vanilije
- 1¼ skodelice staromodnega valjanega ovsa

NAVODILA:
a) V skledi stepamo maslo z rjavim sladkorjem, dokler zmes ne postane svetla in puhasta, nato stepemo moko, mleko in vanilijo.
b) Vmešajte oves, zaobljene čajne žličke testa spustite približno 3 centimetre narazen na nenamazane pekače in pecite piškote v serijah na sredini predhodno segretega 350F. pečici 10 do 12 minut ali dokler ne postanejo zlatorjavi.
c) Piškote pustite stati na ploščah 1 minuto ali dokler niso dovolj čvrsti, da jih lahko premikate s kovinsko lopatko. (Piškote po želji obrnite na plošče narobe in jih hitro zvijte v valje na ploščah. Če postanejo piškoti pretrdi za zvijanje, jih za nekaj sekund vrnite v pečico in pustite, da se zmehčajo.)
d) Piškote prestavimo na rešetko in pustimo, da se popolnoma ohladijo.

IRSKE PIJAČE

83. Packyjeva irska kava

SESTAVINE:
- 1½ oz. Originalni irski viski Bushmills
- 4 oz. vroča kava
- 1 žlička rjavega sladkorja
- 1 oz. stepeno smetano
- KOZAREC: Skodelica za irsko kavo

NAVODILA:
a) Zajemite rjavi sladkor v skodelico za irsko kavo. Na vrh prelijemo vročo kavo. Mešajte. V skodelico nalijte originalni irski viski Bushmills.
b) S prelivanjem po zadnji strani žlice na vrh vlijemo smetano.

84. Irska kava

SESTAVINE:
- 1½ oz. Bushmills Black Bush irski viski
- ½ oz. preprost sirup
- 2 črti pomarančne grenčice
- OKRAS: pomarančni zvitek

NAVODILA:
a) Mešajte.
b) Precedite v steklo na svežem ledu. Okrasite s pomarančnim zvitkom.

85. Clondalkin Snug

SESTAVINE:
- 3 oz. Guinness
- 3 oz. peneče vino

NAVODILA:
a) Nalijte Guinness v flavto.
b) Prelijemo s penečim vinom po barski žlici.

86. Most Ha' Penny

SESTAVINE:
- 1 oz. Smirnoff
- ½ oz. melonin liker
- 2 oz. ananasov sok
- 2 oz. pomarančni sok
- OKRAS: oranžna četrt luna

NAVODILA:
a) Zmešajte vse sestavine v kozarcu za mešanje.
b) Pretresite in precedite nad svežim ledom v visokem kozarcu Collins. Okrasite s pomarančo.

87. Campbellov ingver

SESTAVINE:
- 1½ oz. Bushmills Black Bush irski viski
- 4 oz. ingverjevo pivo
- OKRAS: rezina limete

NAVODILA:
a) Dodajte irski viski Bushmills Black Bush v kozarec Collins, napolnjen z ledom.
b) Prelijemo z ingverjevim pivom. Okrasite z rezino limete.

88. Klasična irska kava

Naredi: 2 obroka

SESTAVINE:
- ¼ skodelice ohlajene smetane za stepanje
- 3 čajne žličke sladkorja
- 1⅓ skodelice vroče močne kave
- 6 žlic (3 oz.) irskega viskija

NAVODILA:
a) V srednjo skledo dajte smetano za stepanje in 2 žlički sladkorja. Stepajte, dokler smetana ne zadrži čvrstih vrhov. Kremo hladite do 30 minut.
b) 2 kozarca za irsko kavo (majhna steklena vrčka z ročaji) ali toplotno odporna kozarca z pecljem segrejte tako, da vanje nalijete zelo vročo vodo. Hitro se posuši.
c) dajte ½ čajne žličke sladkorja. Prilijemo vročo kavo in mešamo, da se sladkor raztopi. Vsakemu dodajte 3 žlice irskega viskija. V vsak kozarec kave z žlicami prelijte z ohlajeno smetano in postrezite.

89. Irski kavno-jajčni punč

Naredi: 3 kvarte

SESTAVINE:
- 2 litra ohlajenega jajčnega likerja
- ⅓ skodelice rjavega sladkorja; trdno pakirano
- 3 žlice zrnca instant kave
- ½ čajne žličke cimeta
- ½ čajne žličke muškatnega oreščka
- 1 skodelica irskega viskija
- 1 liter kavnega sladoleda
- Sladkana stepena smetana
- Sveže nariban muškatni orešček

NAVODILA:
a) Zmešajte jajčni liker, rjavi sladkor, instant kavo in začimbe v veliki posodi za mešanje; z električnim mešalnikom na nizki hitrosti stepamo toliko časa, da se sladkor raztopi.
b) Ohladite 15 minut; mešajte, dokler se kavna zrnca ne raztopijo, in vmešajte viski. Pokrijte in ohladite vsaj 1 uro.
c) Nalijte v skledo za punč ali posamezne skodelice, pri čemer pustite dovolj prostora za sladoled.
d) Žlico v sladoled. Vsako porcijo po želji okrasite s stepeno smetano in muškatnim oreščkom.

90. Irski smoothie

Naredi: 1 obrok

SESTAVINE:
- ½ skodelice žganja
- ¾ skodelice irskega viskija
- 1 skodelica sladkanega kondenziranega mleka
- 2 skodelici težke smetane
- 2 žlici čokoladnega sirupa
- 1 žlica instant kave
- 1 čajna žlička vanilije
- 1 čajna žlička mandljevega ekstrakta

NAVODILA:
a) Zmešajte vse sestavine v mešalniku; dobro premešaj.
b) Napolnite steklenico; kapa Hraniti v hladilniku.

91. Kahlua irska kava

SESTAVINE:
- 2 oz. Kahlua ali kavni liker
- 2 oz. irski viski
- 4 skodelice vroče kave
- 1/4 skodelice stepene smetane

NAVODILA:
a) V vsako skodelico nalijte pol unče kavnega likerja. Vsakemu dodajte pol unče irskega viskija
b) skodelica _ Prilijemo paro sveže kuhano vročo kavo, premešamo. Žlica dva zvrha
c) žlico stepene smetane na vrhu vsakega. Postrezite vroče, vendar ne tako vroče, da si opečete ustnice.

92. Bailey's Irish Cappuccino

SESTAVINE:
- 3 oz. Bailey's Irish Cream
- 5 oz. Vroča kava -
- Preliv za sladice v pločevinkah
- 1 žlica muškatnega oreščka

NAVODILA:
a) Nalijte Bailey's Irish Cream v skodelico za kavo.
b) Napolnite z vročo črno kavo. Prelijte z enim razpršilom desertnega preliva.
c) Sladico potresemo s kančkom muškatnega oreščka

93. Dobri stari irski

SESTAVINE:
- 1,5 unče irskega kremnega likerja
- 1,5 unče irskega viskija
- 1 skodelica vroče kuhane kave
- 1 žlica stepene smetane
- 1 kanček muškatnega oreščka

NAVODILA:
a) V skodelici za kavo zmešajte irsko smetano in irski viski.
b) Napolnite skodelico s kavo. Na vrh dajte kepico stepene smetane.
c) Okrasite s kančkom muškatnega oreščka.

94. Bushmills irska kava

SESTAVINE:
- 1 1/2 unče irskega viskija Bushmills
- 1 čajna žlička rjavega sladkorja (neobvezno)
- 1 pomišljaj Crème de menthe, zelena
- Ekstra močna sveža kava
- Stepena smetana

NAVODILA:
a) V skodelico za irsko kavo nalijte viski in jo napolnite do 1/2 palca od vrha s kavo. Dodamo sladkor po okusu in premešamo. Prelijte s stepeno smetano in na vrh pokapajte crème de menthe.
b) Rob skodelice pomočite v sladkor, da premažete rob.

95. Črna irska kava

SESTAVINE:
- 1 skodelica močne kave
- 1 1/2 oz. Irski viski
- 1 čajna žlička sladkorja
- 1 žlica stepene smetane

NAVODILA:
a) Zmešajte kavo, sladkor in viski v veliki skodelici za mikrovalovno pečico.
b) Mikrovalovna pečica na visoki temperaturi 1 do 2 minuti . Po vrhu premažemo stepeno smetano
c) Previdno pri pitju, morda bo potreben trenutek, da se ohladi.

96. Kremna irska kava

SESTAVINE:
- 1/3 skodelice irskega kremnega likerja
- 1 1/2 skodelice sveže kuhane kave
- 1/4 skodelice težke smetane, rahlo sladkane in stepene

NAVODILA:
a) Liker in kavo razdelite na 2 vrčka.
b) Po vrhu premažemo stepeno smetano.
c) Postrezite.

97. Staromodna irska kava

SESTAVINE:
- 3/4 skodelice tople vode
- 2 žlici irskega viskija
- Preliv za sladico
- 1 1/2 žlice instant kavnih kristalov
- Rjavi sladkor po okusu

NAVODILA:
a) Zmešajte vodo in instant kavne kristale. Mikrovalovna pečica, nepokrita, vključena
b) 100-odstotna moč približno 1 1/2 minute ali le toliko časa, da postane vroča. Vmešajte irski viski in rjavi sladkor.

98. Káva z rumom

SESTAVINE:
- 12 oz. Sveže mleta kava, po možnosti čokoladna meta ali švicarska čokolada
- 2 oz. Ali več 151 Rum
- 1 velika merica stepene smetane
- 1 oz. Baileys Irish Cream
- 2 žlici čokoladnega sirupa

NAVODILA:
a) Sveže zmleta kava.
b) Brew.
c) V veliko skodelico dajte 2+ oz. 151 ruma na dnu.
d) Nalijte vročo kavo v skodelico do 3/4 višine.
e) Dodajte Bailey's Irish Cream.
f) Mešajte.
g) Prelijemo s svežo stepeno smetano in pokapljamo s čokoladnim sirupom.

99. Dublinske sanje

SESTAVINE:
- 1 žlica instant kave
- 1 1/2 žlice instant vroče čokolade
- 1/2 oz. Irski kremni liker
- 3/4 skodelice vrele vode
- 1/4 skodelice stepene smetane

NAVODILA:
a) V kozarec za irsko kavo dajte vse sestavine razen stepene smetane.
b) Mešajte, dokler ni dobro premešano, in okrasite s stepeno smetano.

100. Whisky Shooter

SESTAVINE:
- 1/2 skodelice posnetega mleka
- 1/2 skodelice navadnega jogurta z nizko vsebnostjo maščob
- 2 čajni žlički sladkorja
- 1 čajna žlička instant kave v prahu
- 1 čajna žlička irskega viskija

NAVODILA:
a) Vse sestavine dajte v mešalnik na nizki hitrosti.
b) Mešajte, dokler ne vidite, da so sestavine povezane ena z drugo.
c) Za predstavitev uporabite visok stresalni kozarec.

ZAKLJUČEK

Ko zaključujemo naše okusno popotovanje skozi »VRHUNSKI IRSKI KUHARSKI VODNIK«, upamo, da ste izkusili veselje obvladovanja umetnosti irske kuhinje in prinašanja topline Irske na svojo mizo. Vsak recept na teh straneh je praznovanje okusov, tradicije in zgodb, zaradi katerih je irska kuhinja kulinarični zaklad – dokaz o preprostosti, srčnosti in udobju, ki opredeljujejo kuhinjo.

Ne glede na to, ali ste uživali v bogati irski enolončnici, sprejeli kremnost kolkanona ali uživali v sodobnih morskih sadežih in sladicah, verjamemo, da so ti recepti vzbudili vaše navdušenje nad irsko kuhinjo. Poleg sestavin in tehnik naj koncept obvladovanja umetnosti irske kuhinje postane vir povezovanja, praznovanja in ljubezni do okusov, ki združujejo ljudi.

Ko nadaljujete z raziskovanjem sveta irske kuhinje, naj bo "VRHUNSKI IRSKI KUHARSKI VODNIK" vaš zaupanja vreden spremljevalec, ki vas bo vodil skozi različne jedi, ki ujamejo bistvo Irske. Tukaj je čas, da uživate v bogati irski kulinariki, delite obroke z najdražjimi in sprejmete prisrčne tradicije, zaradi katerih je irska kuhinja resnično posebna. Sláinte !

www.ingramcontent.com/pod-product-compliance
Lightning Source LLC
Chambersburg PA
CBHW071332110526
44591CB00010B/1120